해커스공무원

局경제학
FINAL
합격 봉투모의고사

약점 보완 해설집

해커스공무원

김종국

약력

연세대학교 경제학과 졸업

현 | 해커스공무원 경제학 강의
전 | 해커스공무원 사회(경제) 강의
전 | EBS 강사

저서

해커스공무원 局경제학 FINAL 합격 봉투모의고사
해커스 局경제학 기본서
해커스공무원 局경제학 14개년 기출문제집
해커스공무원 局경제학 핵심 기출 OX 1592
해커스공무원 局경제학 실전동형모의고사
해커스 공감보노 기출로 보는 局경제학 하프모의고사 Season 1
거꾸로 경제학, EBS
경제 만점의 정석과 비법, EBS
경제 수능기출 특강, EBS

해커스공무원 局경제학 FINAL 합격 봉투모의고사

개정 3판 1쇄 발행 2024년 5월 22일

지은이	김종국 편저
펴낸곳	해커스패스
펴낸이	해커스공무원 출판팀

주소	서울특별시 강남구 강남대로 428 해커스공무원
고객센터	1588-4055
교재 관련 문의	gosi@hackerspass.com
	해커스공무원 사이트(gosi.Hackers.com) 교재 Q&A 게시판
	카카오톡 플러스 친구 [해커스공무원 노량진캠퍼스]
학원 강의 및 동영상강의	gosi.Hackers.com

ISBN	979-11-7244-102-9 (13320)
Serial Number	03-01-01

공무원 교육 1위,
해커스공무원(gosi.Hackers.com)

T 해커스공무원

· 해커스공무원 학원 및 인강(교재 내 인강 할인쿠폰 수록)
· 해커스 스타강사의 **공무원 경제학 무료 특강**
· 정확한 성적 분석으로 약점 극복이 가능한 **합격예측 온라인 모의고사**(교재 내 응시권 및 해설강의 수강권 수록)
· '회독'의 방법과 공부 습관을 제시하는 **해커스 회독증강 콘텐츠**(교재 내 할인쿠폰 수록)
· 내 점수와 석차를 확인하는 **모바일 자동 채점 및 성적 분석 서비스**

한경비즈니스 2024 한국품질만족도 교육(온·오프라인 공무원학원) 1위

: 목차

합격모의고사

합격
모의고사

셀프 체크

권장 풀이 시간	25분(OMR 표기 시간 포함)
실제 풀이 시간	___시 ___분~시 ___분
맞힌 답의 개수	___개 / 25개

제1회 합격모의고사(통합형)
모바일 자동 채점 + 성적 분석 서비스
바로 가기(gosi.Hackers.com)

QR코드를 이용하여 해커스공무원의
'모바일 자동 채점 + 성적 분석 서비스'로 바로 접속하세요!
* 해커스공무원 사이트의 가입자에 한해 이용 가능합니다.

정답

1	④	6	②	11	②	16	③	21	④
2	④	7	②	12	③	17	③	22	②
3	②	8	①	13	③	18	②	23	②
4	①	9	②	14	③	19	④	24	①
5	②	10	③	15	④	20	①	25	③

취약 단원 분석표

단원	미시	거시	국제
맞힌 답의 개수	/ 10개	/ 12개	/ 3개

---

1 거시 – 신용승수 정답 ④

(출제 포인트) 본원적예금이 신용창조과정을 거쳐 법정지준율의 역수인 신용승수($\frac{1}{z}$)를 통해 몇 배에 해당하는 요구불예금을 창출하는 것을 예금은행의 예금통화창조라 한다.

(정답)
- 법정지급준비율이 10%이고, 예금액이 4,000억 원이기에 법정지급준비금은 400억 원이다.
- 그런데 A은행이 실제지급준비금이 1,000억 원이기에 A은행은 초과지급준비금을 대출할 수 있다.
- 법정지급준비율이 10%이기에 A은행이 600억 원을 대출할 경우 최대로 증가할 수 있는 예금통화의 크기는 6,000억 원($=\dfrac{600억\ 원}{0.1}$)이다.
- A은행이 초과지급준비금을 대출하더라도 민간의 현금통화의 크기는 변하지 않기에 최대로 증가할 수 있는 통화량의 크기는 6,000억 원이다.

2 미시 – 대체탄력성 정답 ④

(출제 포인트) 완전대체관계인 선형의 생산함수의 대체탄력성은 무한대이다.

(정답)
문제에 주어진 생산함수는 선형생산함수로 등량곡선이 우하향의 직선이다. 선형생산함수의 대체탄력성은 무한대이다.

3 거시 – 실업률 정답 ②

(출제 포인트) 경제활동인구 중에서 실업자가 차지하는 비중을 실업률이라 하고, 15세이상인구 중에서 경제활동인구가 차지하는 비중을 경제활동참가율이라 한다.

(정답)
채용될 가능성이 낮은 곳에서만 일자리를 탐색하면서 실업자로 지내는 사람을 경제활동인구에 속하는 실업자가 아니라 비경제활동인구로 분류하면 실업자와 경제활동인구가 모두 감소한다. 실업자 수와 경제활동인구의 수가 모두 감소하면 실업률도 낮아지고, 경제활동참가율도 낮아진다.

4 **미시 - 조세의 귀착**   정답 ①

(출제 포인트) 생산자든 소비자든 어느 일방에게 조세를 부과해도 양자가 분담하게 되는 것을 조세의 귀착이라 한다. 분담 정도와 조세수입은 탄력성에 반비례하며, 이로 이한 후생손실인 초과부담 또는 사중적 손실은 탄력성에 비례한다.

(정답)
물품세 부과에 따라 감소하는 사회후생의 크기는 세율의 제곱에 비례하여 증가한다.

(오답피하기)
② 수요곡선이 수평선으로 주어져있는 경우, 수요의 가격탄력도가 완전탄력적으로 물품세의 조세부담은 모두 공급자에게 귀착된다.
③ 조세부과 시 분담정도는 탄력성에 반비례하기에 공급의 가격탄력성이 클수록 공급자에게 귀착되는 물품세 부담의 크기는 감소하고 소비자에게 귀착되는 물품세 부담의 크기는 증가한다.
④ 소비자와 공급자에게 귀착되는 물품세의 부담은 탄력성에 반비례하기에 물품세가 누구에게 부과되는가와 상관없이 결정된다.

5 **거시 - 절약의 역설**   정답 ②

(출제 포인트) 모든 개인이 저축을 증가시키면 총수요감소로 국민소득이 감소하여 저축이 증가하지 않거나 오히려 감소하는 현상을 절약의 역설이라 한다.

(정답)
절약의 역설은 주로 경기침체가 심한 상황에서 발생하기에 투자가 이자율 변동의 영향을 적게 받을수록 침체기가 심화되고 따라서 절약의 역설이 발생할 가능성이 크다.

(오답피하기)
① 주로 경기침체가 심한 상황에서 절약의 역설이 발생한다.
③ 케인즈 경제학에서 주장하는 내용이다.
④ 임금의 경직성을 가정하는 케인즈 경제학에서 절약의 역설이 발생한다.

6 **거시 - 균형국민소득**   정답 ②

(출제 포인트) 생산물시장의 균형은 총수요($C + I + G$)와 총공급(Y)이 일치하는 점에서 결정된다. 화폐시장의 균형은 화폐의 수요(L)와 공급(M)이 일치하는 점에서 결정된다.

(정답)
소비함수는 $C = 100 + 0.8(Y - T)$이고, 투자는 $I = 150 - 600r$이며, 정부 지출은 200이다. 따라서 생산물시장 균형은 $Y = 100 + 0.8(Y - T) + 150 - 600r + 200$에서 달성된다. T가 $0.5Y$이기에 $Y = 750 - 1,000r$이다. 실질화폐수요가 $2Y - 8,000(r + \pi^e)$이고, 실질화폐공급이 1,000이다. 따라서 화폐시장 균형은 $2Y - 8,000(r + \pi^e) = 1,000$에서 달성된다. 기대물가상승률이 0이기에 $Y = 500 + 4,000r$이다. 결국, 균형이자율과 균형국민소득은 각각 0.05이고 700이다.

7 **미시 - 다공장 기업**   정답 ②

(출제 포인트) 다공장 독점기업의 이윤극대화 조건은 $MR = MC_1 = MC_2$이다.

(정답)
- 각 공장의 비용함수를 y에 대해 미분하면 $MC_1 = 10y_1$, $MC_2 = 20y_2$이다.
- 총비용이 극소화되려면 각 공장의 한계비용이 같아야하기에 $MC_1 = MC_2$로 두면 $10y_1 = 20y_2$, $y_1 = 2y_2$이다. 그리고 기업 전체의 생산량이 60단위이기에 $y_1 + y_2 = 60$이다.
- 두 식을 연립해서 풀면 $y_1 = 40$, $y_2 = 20$이다.

8 **거시 - 개방경제일반균형**   정답 ①

(출제 포인트) 변동환율제도하, 자본이동이 완전한 경우, 재정정책은 전혀 효과가 없지만 금융정책은 매우 효과적이다.

(정답)
직불카드 도입으로 인해 화폐수요가 감소하면 LM곡선이 우측으로 이동하기에 국민소득이 대폭 증가한다.

(오답피하기)
② 통화공급이 감소하면 국민소득은 큰 폭으로 감소할 것이다.
③, ④ 소득세율의 인상은 긴축적 재정정책, 정부의 이전지출 증가는 확장적 재정정책으로 국민소득에 아무런 영향을 미칠 수 없다.

9 **미시 - 확장경로**   정답 ②

(출제 포인트) 투입비용변화에 따른 생산자 균형점을 연결한 곡선이 확장경로로 그 형태는 노동과 자본의 특성에 따라 다르다.

(정답)
확장경로상에서는 한계기술대체율과 등비용선의 기울기가 같다. 즉, $MP_L = 20L^{-0.5}K^{0.5}$, $MP_K = 20L^{0.5}K^{-0.5}$으로

$$MRTS_{LK} = \frac{20L^{-0.5}K^{0.5}}{20L^{0.5}K^{-0.5}} = \frac{K}{L}, \frac{w}{r} = \frac{4}{6}$$ 이기에,

$$MRTS_{LK} = \frac{K}{L} = \frac{w}{r} = \frac{4}{6}$$ 이다. 이를 K에 대해 풀면 $K = \frac{2}{3}L$인 확장경로를 도출할 수 있다.

10 **미시 - 비용함수**   정답 ③

(출제 포인트) $q = \min\{3L_1, 2L_2\}$은 1차동차 레온티에프 생산함수이다.

(정답)
$q = \min\{3L_1, 2L_2\}$은 1차동차 레온티에프 생산함수이기에 규모에 대한 수익불변이다. 따라서 장기평균비용곡선이 수평선의 형태로 도출된다.

(오답피하기)
① $q = \min\{3L_1, 2L_2\}$는 숙련노동(L_1)과 비숙련노동(L_2)을 완전 보완관계로 항상 2:3의 비율로 투입해야 한다. 따라서 한 요소가 고정된 투입비율을 넘어서면 한계생산물은 항상 0이 된다.

② 레온티에프 생산함수는 생산요소 간 대체가 불가능하기에 대체탄력성이 0이다.

④ 비숙련노동과 숙련노동 간의 대체가 불가능하기에 비숙련노동의 임금이 상승하더라도 숙련노동의 고용이 증가하지 않는다.

11 거시 - 솔로우모형 정답 ②

출제 포인트 주어진 생산함수를 효율노동 EL로 나누면 $\dfrac{Y}{EL} = \dfrac{K^{0.5}(EL)^{0.5}}{EL} = (\dfrac{K}{EL})^{0.5}$이다. 효율노동 1단위당 생산량 $y = \dfrac{Y}{EL}$, 효율노동 1단위당 자본량 $k = \dfrac{K}{EL}$로 두면 1인당 생산함수는 $y = k^{0.5} = \sqrt{k}$가 된다.

정답
- 균제상태의 1인당 자본량은 $sf(k) = (n+d+g)k$에서, $0.2\sqrt{k} = (0.05 + 0.1 + 0.05)k$이므로 $k = 1$이다.
- 효율노동 1인당 생산함수에서 $MP_K = 0.5k^{-0.5} = \dfrac{1}{2\sqrt{k}}$이다.
- 황금률의 1인당 자본량은 $MP_K = n+d+g$에서, $\dfrac{1}{2\sqrt{k}} = (0.05 + 0.1 + 0.05)$, $\sqrt{k} = \dfrac{5}{2}$, $k = \dfrac{25}{4}$이다.
- 균제상태의 1인당 자본량이 1이고, 황금률의 1인당 자본량이 $\dfrac{25}{4}$이기에 현재는 과소자본 상태이다. 따라서 황금률 수준으로 가기 위해서는 저축률을 자본소득분배율과 동일한 50%로 높여야 한다.

오답피하기
① 이 경제는 황금률(golden rule) 자본수준에 있지 않다.
③ 황금률 자본수준으로 가기 위해서는 현재 효율노동 단위당 소비를 감소시켜야 한다.
④ 저축률을 높이면 현재의 소비는 줄어들지만 황금률에 도달하면 효율노동 1인당 소비가 현재 균제상태보다 높아지게 된다.

12 미시 - 효용함수 정답 ③

출제 포인트 효용함수 $U = Ax^{\alpha}y^{\beta}$에서 X에 대한 수요함수는 $P_x x = \dfrac{\alpha}{\alpha + \beta}M$이고, y에 대한 수요함수는 $P_y y = \dfrac{\alpha}{\alpha + \beta}M$이다.

정답

X재의 지출금액에 대한 Y재의 지출금액 비율은 $\dfrac{P_y y}{P_x x} = \dfrac{\dfrac{\alpha}{\alpha + \beta}M}{\dfrac{\alpha}{\alpha + \beta}M}$

$= \dfrac{\beta}{\alpha}$이다.

13 미시 - 십분위분배율 정답 ③

출제 포인트 최하위 40%의 소득점유율을 최상위 20%의 소득점유율로 나눈 값이 십분위분배율이다.

정답
- 제1오분위와 제2오분위의 소득을 합한 최하위 40% 소득계층의 소득이 전체소득에서 차지하는 비중이 20%이고, 제5오분위에 해당하는 최상위 20% 소득이 전체소득의 40%이다.
- 따라서 최하위 40%의 소득점유율을 최상위 20%의 소득점유율로 나눈 십분위분배율은 0.5이다.

14 거시 - 정부지출승수 정답 ③

출제 포인트 현재의 균형국민소득이 완전고용국민소득보다 1,750억 원이 작기에 완전고용국민소득수준을 달성하기 위해 정부지출증가분 × 정부지출승수 = 1,750억 원이 성립한다.

정답
한계소비성향이 0.8이기에 정부지출승수는 $\dfrac{1}{1-0.8} = 5$이다. 따라서 정부지출증가분 × 정부지출승수 = 1,750에서 정부지출증가분은 350억 원이다.

15 거시 - 재정정책 정답 ④

출제 포인트 최적조세와 같은 재정정책에서도 경제정책의 동태적 비일관성 문제가 발생할 수 있다.

정답
재정의 자동안정화장치는 제도를 통해 자동으로 경기진폭을 완화해주는 장치로, 내부시차가 없다.

오답피하기
① 경제가 유동성 함정에 빠진 경우, LM곡선이 수평으로 확장적 재정정책으로 IS곡선이 우측으로 이동해도 이자율이 불변이기에 구축효과는 없다.
② T시점에서는 최적조세이나 $T+1$시점에서는 최적조세가 아닐 수 있다. 가령, T시점에서 투자촉진을 위해 자본소득에 비과세가 최적이나, $T+1$시점에서는 재정수입증가를 위해 이미 형성된 자본에 과세를 하는 것이 최적일 수 있다. 따라서 재정정책에서도 경제정책의 동태적 비일관성 문제가 발생할 수 있다.
③ 재정의 자동안정화장치가 강화되어 누진세가 도입되면 승수는 $\dfrac{1}{1-c}(c: \text{한계소비성향})$에서 $\dfrac{1}{1-c(1-t)}(t: \text{세율}) = \dfrac{1}{1-c+ct}$로 바뀌어 분모값이 커짐으로써 승수효과는 작아진다.

16 미시 - 공공재 정답 ③

출제 포인트 개별수요곡선을 수직으로 합하여 도출하는 공공재의 시장수요곡선하에서 소비자들은 동일한 양을 서로 다른 편익으로 소비한다.

(정답)

- $Q_A = -2P + 24$, $Q_B = -3P + 51$, $Q_C = -P + 34$를 P에 대해 정리하면 $P = 12 - \frac{1}{2}Q_A$, $P = 17 - \frac{1}{3}Q_B$, $P = 34 - Q_C$이다.
- 공공재의 시장수요곡선은 개별수요곡선을 수직으로 합하여 도출하기에, 공공재의 시장수요곡선은 $P = 63 - \frac{11}{6}Q$이다. 그리고 한계비용은 30이다.
- 공공재의 적정공급조건은 $P = MC$에 따라 $P = 63 - \frac{11}{6}Q$와 한계비용 30이 만나는 $Q = 18$이다.

17 국제 – IS–LM–BP모형   정답 ③

(출제 포인트) (변동환율제도하)자본이동이 완전한 경우, 재정정책은 전혀 효과가 없지만 금융정책은 매우 효과적이다.

(정답)

- 중앙은행의 국공채매입은 확장통화정책이다.
- 변동환율제하에서 확장통화정책으로 LM곡선이 우측이동(①)하면, 국내금리가 국제금리보다 작아져 외국자본유출로 환율이 상승하여 순수출이 증가(④)하기에 IS곡선이 우측이동(②)한다.
- BP곡선이 우측이동하나 수평선이기에 이자율은 원위치로 돌아오지만, 소득은 크게 증가한다.
- 또한 아래 그림에서 보듯, 자본이동이 완전히 자유로운 경우(a), 자본이동이 불가능한 경우(b)에 비해 소득 증가 폭이 크다(③).

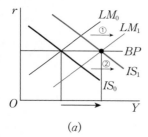 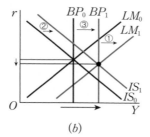

(a)   (b)

18 국제 – 무역이론   정답 ②

(출제 포인트) 양국의 국내상대가격비, 즉 기회비용 사잇값에서 양국이 이득을 볼 수 있는 교역조건이 성립한다.

(정답)

X재 1단위 생산 기회비용은 갑국은 Y재 $\frac{5}{10}$이고 을국은 $\frac{8}{13}$이다.

따라서 두 나라가 이익을 얻을 수 있는 교역조건은 Y재 $\frac{5}{10} < X$재 $1 < Y$재 $\frac{8}{13}$이다. 즉, $\frac{5}{10}(=0.5) < \frac{P_X}{P_Y} < \frac{8}{13}(=0.62)$이다. 따라서 주어진 선지 중 두 나라가 모두 무역의 이익을 얻을 수 있는 교역조건은 ②이다.

19 거시 – 피셔방정식   정답 ④

(출제 포인트) 실질이자율에 기대인플레이션율을 더한 값이 명목이자율이라는 피셔의 방정식에서, 인플레이션이 발생하면 기대인플레이션율이 상승하여 명목이자율이 비례적으로 상승한다.

(정답)

- 피셔효과에 의하면 명목이자율은 실질이자율과 인플레이션율의 합이기에 명목이자율이 5%, 실질이자율이 3%이면 인플레이션율은 2%이다.
- 유통속도가 일정하기에 $\frac{dV}{V} = 0$, 실질경제성장률이 2%이기에 $\frac{dY}{Y} = 2\%$, 인플레이션율이 2%이기에 $\frac{dP}{P} = 2\%$이다.
- 교환방정식 $MV = PY$를 변형한 $\frac{dM}{M} + \frac{dV}{V} = \frac{dP}{P} + \frac{dY}{Y}$에 대입하면 $\frac{dM}{M} + 0\% = 2\% + 2\%$이기에 통화증가율은 $\frac{dM}{M} = 4\%$이다.

20 미시 – 탄력성   정답 ①

(출제 포인트) 수요의 소득탄력도 = 수요 변화율/소득 변화율

(정답)

수요의 소득탄력성은 1.5이기에 소득수준이 10% 하락할 경우, 정상재인 컴퓨터의 수요변화율은 15% 감소이다. 동일한 컴퓨터 소비수준을 유지시키기 위해서는 수요량은 15% 증가가 필요하다. 수요의 가격탄력성이 1.00이기에 가격은 15% 하락이 요구된다.

21 거시 – 내생적 성장이론   정답 ④

(출제 포인트) AK모형에서는 저축률상승으로도 지속적인 성장이 가능하다.

(정답)

AK모형은 솔로우(Solow)모형과 달리 저축률상승으로도 지속적인 성장이 가능하다고 보아 수준효과뿐만 아니라 성장효과도 갖게 된다.

(오답피하기)

① $R\&D$모형에서 지식은 공유 시 비용이 들지 않는 비경합성과 재산권이나 특허권 등에 의해 배제성을 갖는다고 본다.
② $R\&D$모형은 솔로우(Solow)모형처럼 한계수확체감의 법칙을 전제로 경제성장의 원동력으로서의 기술진보를 인정한다.
③ AK모형은 물적자본 외 인적자본도 고려하여 한계수확체감의 법칙을 부인하였으며 이 때 인적자본은 경합성과 배제가능성을 모두 가지고 있다고 본다.

구분		기업 B	
		공생	반격
기업 A	진입포기	12	30
	진입	(1, 1)	(−1, 0)

정답

내쉬균형은 (진입포기, 반격), (진입, 공생)의 두 개다. 그런데 내쉬균형 조합 중에서 신빙성이 없는 위협이 포함된 내쉬균형을 제외하고 찾아낸 조합이 완전균형이다. 즉, 신규기업은 진입하고 기존기업은 공생을 선택하는 조합인 (1, 1)이 완전균형이다.

---

22 국제 – 불태화정책
정답 ②

출제 포인트 해외부문으로부터 외자유입이 늘어 국내 통화량이 증가하고 물가가 상승할 경우 이를 상쇄시키기 위해 취해지는 정책을 말한다.

정답

공개시장조작을 통해 외화자산 증가분만큼 통화를 환수하면 중앙은행의 국내여신이 줄고 아울러 본원통화량도 줄어들어 화폐공급량 증가를 막을 수 있다.

---

23 거시 – 교환방정식
정답 ②

출제 포인트 고전학파의 화폐수량설 $MV = PY$는 통화량과 물가가 정비례하다는 물가이론으로 볼 수 있다. 고전학파의 화폐수량설을 변형한 $M = \frac{1}{V}PY$에서 PY(명목국민소득)만큼의 거래를 위해 일정비율($\frac{1}{V}$)만큼의 화폐수요가 필요하다는 화폐수요로 해석할 수 있다.

정답

• 화폐유통속도는 명목GDP를 통화량으로 나눈 값($V = \frac{PY}{M}$)이다.

• $\frac{M^d}{P} = \frac{Y}{4i}$에서 $\frac{PY}{M^d} = 4i$이기에, 화폐유통속도 $V = 4i$이다.

---

24 거시 – 학파별 비교
정답 ①

출제 포인트 케인즈학파는 수요측면을 중시하고 단기분석에 집중하여 정부개입을 주장한다.

정답

ㄱ. 케인즈학파는 정부지출승수가 조세승수보다 크기에 정부지출 확대가 동일한 규모의 조세감면보다 총수요 증대효과가 크다고 주장한다.

ㄴ. 고전학파에 따르면 확장적 재정정책으로 이자율이 상승하기에 민간투자가 감소한다.

오답피하기

ㄷ. 고전학파에 따르면 명목임금이 신축적이기에 항상 완전고용이 달성되고 실업은 일시적 현상으로 본다. 따라서 재량적인 총수요 관리정책은 불필요하다고 주장한다.

ㄹ. 케인즈학파는 주로 수요측 요인에 의해 경기변동이 발생한다고 주장한다.

---

25 미시 – 완전균형
정답 ③

출제 포인트 신빙성이 없는 위협이 포함된 내쉬균형을 제외하고 찾아낸 조합이 완전균형이다.

제2회 합격모의고사(통합형)

셀프 체크

권장 풀이 시간	25분(OMR 표기 시간 포함)
실제 풀이 시간	____시 ____분~시 ____분
맞힌 답의 개수	____개 / 25개

제2회 합격모의고사(통합형)
모바일 자동 채점 + 성적 분석 서비스
바로 가기(gosi.Hackers.com)

QR코드를 이용하여 해커스공무원의
'모바일 자동 채점 + 성적 분석 서비스'로 바로 접속하세요!
* 해커스공무원 사이트의 가입자에 한해 이용 가능합니다.

정답

1	②	6	②	11	③	16	④	21	④
2	②	7	③	12	②	17	④	22	④
3	④	8	④	13	④	18	③	23	②
4	④	9	①	14	①	19	③	24	②
5	②	10	②	15	①	20	①	25	②

취약 단원 분석표

단원	미시	거시	국제
맞힌 답의 개수	/ 11개	/ 10개	/ 4개

1 　미시 – 탄력도　　정답 ②

(출제 포인트) 사치재의 성격이 강할수록, 대체재가 많을수록, 소비에서 차지하는 비중이 클수록, 재화의 분류범위가 좁을수록, 측정기간이 길수록 탄력적이다.

(정답)
필수재의 성격이 강할수록 수요는 가격에 대해 비탄력적이다.

(오답피하기)
① 대체재가 많을수록 수요의 가격탄력성이 커진다.
③ 재화의 분류범위가 좁을수록 수요의 가격탄력성이 커진다.
④ 측정기간이 길수록 수요의 가격탄력성이 커진다.

2 　거시 – 필립스 모형　　정답 ②

(출제 포인트) 적응적 기대는 과거 정보를 통해 예상오차를 부분적으로 수정하여 다음기의 물가를 예상한다.

(정답)
• $\pi_t^e = 0.7\pi_{t-1} + 0.2\pi_{t-2} + 0.1\pi_{t-3}$에서 t기의 기대 인플레이션율은 전기의 인플레이션율에 의해 결정된다. 즉, 적응적 기대를 가정한다.
• α값이 클수록 필립스(Phillips) 모형은 수직선에 가깝게 된다. 따라서 희생률이 작아진다.

3 　미시 – 대체탄력성　　정답 ④

(출제 포인트) 대체 탄력성은 한계기술대체율의 변화율(%)에 대한 요소집약도의 변화율(%)로, 한계기술대체율이 1% 변화할 때 요소집약도의 변화율로 나타낼 수 있다.

(정답)
레온티에프 생산함수는 요소간의 대체가 전혀 불가능하기에 대체탄력성은 0이다.

(오답피하기)
① 대체탄력성은 한계기술대체율(= 요소상대가격)이 1% 변화할 때, 1인당 자본량인 요소집약도의 변화율이다.
② 등량곡선이 우하향의 직선에 가까울수록 곡률이 작아져, 한계기술대체율(= 요소상대가격)이 1% 변화할 때 요소집약도의 변화율이 커진다. 즉, 대체탄력성이 커진다. 따라서 등량곡선의 곡률이 클수록 대체탄력성은 작다.
③ 콥 – 더글라스 생산함수의 경우 차수와 관계없이 대체탄력성은 1이다.

4   국제 – 스톨퍼–사무엘슨 정리   정답 ④

(출제 포인트) 자본에 비해 상대적으로 노동이 풍부한 나라에서 자유무역이 이루어지면 노동풍부국인 A국에서는 노동집약재의 상대가격이 상승하기에 노동의 실질소득은 증가하고 자본의 실질소득은 감소한다.

(정답)
스톨퍼–사무엘슨 정리를 따를 때, 관세를 부과하면 희소한 생산요소의 소득은 증가하고 풍부한 생산요소의 소득은 감소한다. 따라서 A국에서 자본집약재인 Y재 수입에 관세를 부과하면 노동자는 불리(㉠)해지고, 자본가는 유리(㉡)해진다.

5   거시 – 실물경기변동이론   정답 ②

(출제 포인트) 생산성 변화 등 공급 측면의 충격과 정부지출 변화 등 IS곡선에 영향을 미치는 충격으로 경기변동이 발생한다는 것이 실물적 균형경기변동이론이다.

(정답)
실물경기변동이론에서는 불경기에도 경제주체는 최적화를 추구하기에 가계도 효용을 극대화한다.

(오답피하기)
① 상품가격과 임금 모두 완전 신축적이다.
③ 총공급 충격을 경기변동의 원인으로 본다.
④ 완전경쟁시장을 가정한다.

6   거시 – 개방경제일반균형   정답 ②

(출제 포인트) 변동환율제도하, 자본이동이 완전한 경우, 재정정책은 전혀 효과가 없지만 금융정책은 매우 효과적이다.

(정답)
자본이동 및 무역거래가 완전히 자유로운 소규모 개방경제인 경우, 고정환율제하에서 재정정책은 효과적이나 통화정책은 효과가 없다.

(오답피하기)
① 고정환율제도하에서는 확장적 통화정책은 효과가 없다.
③, ④ 변동환율제도하에서는 재정정책은 효과가 없지만 통화정책은 효과적이다.

7   미시 – 생산함수   정답 ③

(출제 포인트) 주어진 생산함수에서 K의 지수값인 α는 생산의 자본탄력성이면서 자본소득 분배비율을 의미하고, L의 지수값인 β는 생산의 노동탄력성이면서 노동소득 분배비율을 의미한다.

(정답)
생산함수 $F(L, K) = AK^{\alpha}L^{1-\alpha}$는 1차 $C - D$형 함수이기에 자본소득분배율은 K의 지수 α, 노동소득분배율은 L의 지수인 $(1 - \alpha)$이다.

(오답피하기)
① 총생산함수 $F(L, K) = AK^{\alpha}L^{1-\alpha}$를 L로 나눈 평균생산물은
$$AP_L = \frac{Q}{L} = \frac{AK^{\alpha}L^{1-\alpha}}{L} = A\left(\frac{K}{L}\right)^{\alpha}$$
이기에 자본투입량이 2배로 증가하면 평균생산물은 2배보다 작게 증가한다.
② 자본 및 노동에 대한 대가는 각각의 한계 생산성에 의해 결정된다.
④ 생산함수 $F(L, K) = AK^{\alpha}L^{1-\alpha}$는 1차 $C - D$형 함수이기에 규모수익 불변이다.

8   거시 – IS곡선   정답 ④

(출제 포인트) 생산물시장의 균형이 이루어지는 이자율과 국민소득의 조합을 IS곡선이라 한다.

(정답)
투자가 기업가의 동물적 본능에 의해서만 이루어진다면 투자의 이자율탄력성이 0이 되기에 IS곡선은 수평선이 아니라 수직선이다.

(오답피하기)
① IS곡선은 생산물시장의 균형이 이루어지는 이자율과 국민소득의 조합이다.
② 소비증가, 투자증가, 정부지출증가, 수출증가로 IS곡선은 우측 이동하고, 조세증가, 수입증가, 저축증가로 IS곡선은 좌측 이동한다.
③ 투자의 이자율탄력성(b), 한계소비성향(c)이 클수록, 한계저축성향(s), 세율(t), 한계수입성향(m)이 작을수록 IS곡선은 완만해진다.

9   미시 – 조세의 귀착   정답 ①

(출제 포인트) 수요와 공급이 모두 탄력적인 경우 종량세가 부과되면 거래량이 대폭 감소한다. 그러므로 수요와 공급이 모두 탄력적일 때 조세부과로 인한 민간경제활동의 왜곡이 커지고, 그에 따른 사회적인 후생손실이 커진다.

(정답)
그림 ㉠에서 A는 수요와 공급이 모두 탄력적인 경우 조세부과에 따른 후생손실의 크기를, 그리고 그림 ㉡에서 B는 수요와 공급이 모두 비탄력적일 때 조세부과에 따른 후생손실의 크기를 나타내고 있다.

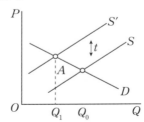 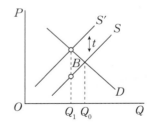

㉠ 수요와 공급이 탄력적일 때   ㉡ 수요와 공급이 비탄력적일 때

10 미시 - 균형이동 정답 ②

출제 포인트 빵에 대한 공급증가는 원료인 밀에 대한 수요증가를 초래한다.

정답
빵 생산에 있어서의 기술혁신으로 빵의 생산단가가 낮아지면 빵의 공급이 증가하여 밀수요곡선이 우측으로 이동하므로 균형점은 b점으로 이동한다.

11 거시 - 균형국민소득 정답 ③

출제 포인트 생산물시장의 균형은 총수요($C + I + G$)와 총공급(Y)이 일치하는 점에서 결정된다.

정답
소비함수는 $C = 160 + a(Y - T)$이고, 투자는 $I = 400$이며, 정부지출은 200이다. 따라서 생산물시장 균형은 $Y = 160 + a(Y - T) + 400 + 200$에서 달성된다. 조세는 정액세만 존재하고 정부재정은 균형상태이기에 $T = G = 200$이다. 따라서 $Y = 160 + a(Y - 200) + 400 + 200$에서 $Y = 1,600$이면 a는 0.6이다.

12 거시 - AD-AS모형 정답 ②

출제 포인트 생산물시장과 화폐시장을 고려한 총수요곡선과 총생산함수와 노동시장을 고려한 총공급곡선이 만나는 점에서 거시경제일반균형이 결정된다.

정답
ㄴ. 물가가 상승하면 실질통화량이 감소하여 총수요곡선상에서 좌상방의 점으로 이동하기에, 총수요량이 감소한다.

오답피하기
ㄱ. 일반적으로 총공급곡선은 단기에는 우상향하고 장기에는 수직선이다.
ㄷ. 총수요곡선은 물가수준과 경제 전체 생산물에 대한 수요의 관계를 나타내는 곡선으로 개별재화의 수요곡선과는 무관하다.

13 미시 - 완전경쟁시장 정답 ④

출제 포인트 완전경쟁에서 P가 고정된 상수이기에 $TR(= PQ)$은 원점을 지나는 직선이고, $AR(= \dfrac{TR}{Q} = \dfrac{PQ}{Q} = P)$은 수평선이며, $MR(= \dfrac{\Delta TR}{\Delta Q} = \dfrac{P \Delta Q}{\Delta Q} = P)$은 수평선이다. 즉, P(고정된 상수) $= AR = MR$이다.

정답
완전경쟁시장에서 장기균형은 장기평균비용의 최저점에서 이루어진다.

오답피하기
①, ②, ③ 완전경쟁시장의 이윤극대화 조건은 $P = MC$이고 장기균형은 장기평균비용의 최저점에서 이루어지기에 장기에는 $P = MR = LAC = LMC$가 성립한다.

14 미시 - 2기간모형 정답 ①

출제 포인트 예산선의 기울기와 무차별곡선의 접선의 기울기의 절댓값이 같을 때 소비자균형점은 달성된다.

정답
• 효용함수가 $C - D$형 함수인 $U(C_1, C_2) = C_1 C_2^2$이기에 현재소비와 미래소비 간의 한계대체율은 $MRS_{C_1 C_2} = \dfrac{C_2}{2C_1}$이고 2기간 모형에서 예산선의 기울기는 $1 + r$이다.
• 소비자균형의 조건은 무차별곡선과 예산선이 접하는 $MRS = (1 + r)$이기에, 이자율이 10%일 때, $\dfrac{C_2}{2C_1} = 1.1$, $C_2 = 2.2C_1$이다.
• 이때, 두 기간 모형의 예산제약식은 $(Y_1 + \dfrac{Y_2}{(1 + r)} = C_1 + \dfrac{C_2}{(1 + r)})$이고 1기 소득은 $Y_1 = 3,000$, 2기 소득은 $Y_2 = 3,300$, 이자율은 $r = 0.1$이다.
• 따라서 $3,000 + \dfrac{3,300}{11} = C_1 + \dfrac{C_2}{11}$, $1.1C_1 + C_2 = 6,600$이고 $C_2 = 2.2C_1$이기에 $3.3C_1 = 6,600$, $C_1 = 2,000$이다.
• 즉, 현재 소득은 $Y = 3,000$이고 현재소비는 $C_1 = 2,000$이기에 1기 저축은 1,000이다.

15 거시 - 인플레이션 정답 ①

출제 포인트 예상치 못한 인플레이션이 발생하면 채권자가 불리해지고 채무자는 유리해지는 부와 소득의 재분배가 이루어지고, 경제의 불확실성이 증대된다.

정답
피셔가설에 따르면 '명목이자율 = 물가상승률 + 실질이자율'에서 실질이자율은 고정되어 있기에 물가가 상승하는 만큼 명목이자율이 상승한다. 즉, 예상된 인플레이션이 금융거래에 미리 반영됨을 의미한다.

오답피하기
② 새케인즈학파는 새고전학파와 달리 예상된 인플레이션이라 할지라도 메뉴비용, 구두창비용 등의 사회적 비용과 경직성이 발생한다고 주장했다.
③ 실제 물가상승률이 예상된 물가상승률보다 더 큰 경우, 한 단위당 화폐의 구매력이 하락하기에 채권자가 받아야 되는 화폐단위의 가치가 하락하여 채권자는 손해를 보고 반대로 채무자는 이득을 본다.
④ 실제 물가상승률이 예상된 물가상승률보다 더 큰 경우, 한 단위당 화폐의 구매력이 하락하기에 고정된 명목임금의 가치가 하락하여 노동자는 손해를 보고 반대로 기업은 이득을 보게 된다.

16 미시 - 수요의 가격탄력성 정답 ④

출제 포인트 수요의 가격탄력성은 $-\dfrac{\Delta Q}{\Delta P} \times \dfrac{P}{Q}$ 이다.

정답

- 수요함수는 $Q_d = 5,000 - 2P$ 이기에 $P = 2000$ 일 때 수요량은 $Q = 1,000$ 이고 소비자의 지출액은 $2,000 \times 1,000 = 2,000,000$ 이다.

- 수요의 가격탄력성은 $-\dfrac{\Delta Q}{\Delta P} \times \dfrac{P}{Q}$, 수요함수를 P에 대해 미분 하면 $\dfrac{dQ}{dP} = -2$ 이고 $P = 2000$, $Q = 1,000$ 이기에 수요의 가격 탄력성은 $\varepsilon = -\dfrac{dQ}{dP} \times \dfrac{P}{Q} = 2 \times \dfrac{2,000}{1,000} = 4$ 이다.

17 거시 - 통화량/이자 목표제 정답 ④

출제 포인트 이자율을 유지하기 위해서는 통화량이 변동하고 통화 량을 유지하기 이해서는 이자율이 변동하기에 화폐수요함수가 외 부충격으로 변동하면 통화량과 이자율 목표를 동시에 달성하기 어 렵다.

정답

외부충격으로 화폐수요가 증가할 때, (LM곡선의 좌측이동으로) 통 화량을 일정하게 유지하면 이자율이 상승하고, 이자율을 일정하게 유지하려면 (LM곡선의 우측이동을 위해) 통화량을 증가시켜 주어 야 한다. 따라서 외부충격으로 화폐수요함수가 변동하는 경우 통화 량과 이자율 목표를 동시에 달성하기 어렵다.

오답피하기

① 화폐수요함수가 명목국민소득만의 함수라면 이자율의 영향을 받지 않기에 화폐수요곡선은 수직선이다. 즉, 중앙은행은 통화 량을 통해 이자율을 조정할 수 없다.

② 화폐수요가 이자율에 민감할수록 LM곡선은 완만해지기에 통화 량 조절을 통한 경기안정화 정책의 유효성은 낮아진다.

③ 중앙은행은 기준금리를 통해 명목이자율에 영향을 줄 수 있으나 장기적으로 실질이자율을 통제하는 것은 불가능하다.

18 거시 - 인플레이션갭 정답 ③

출제 포인트 완전고용국민소득수준에서 총수요가 총공급을 초과할 때 발생하는 인플레이션갭은 인플레이션을 없애기 위해 감소시켜 야 하는 유효수요의 크기로 측정된다.

정답

- 국민소득 항등식 $Y = C + I + G + NX$에서 $Y = 3,000 + 0.5$ $(Y - 2,000) + 1,500 + 2,500 + 200$, $Y = 6,200 + 0.5Y$, 균형국 민소득은 $Y = 12,400$이다. 이때, 잠재생산량이 $Y = 12,0000$이기 에 현재 400만큼의 초과 생산량이 있다.

- 한계소비성향은 $c = 0.5$로 정부지출승수는 $\dfrac{dY}{dG} = \dfrac{1}{1-c} = 2$이 기에 국민소득을 400만큼 감소시켜 총생산 갭을 제거하기 위해 서는 정부지출을 200만큼 감소시켜야 한다.

19 미시 - 내쉬균형 정답 ③

출제 포인트 상대방의 전략을 주어진 것으로 보고 경기자는 자신에 게 가장 유리한 전략을 선택하였을 때 도달하는 균형을 내쉬균형이 라 한다.

정답

구분		B	
		회피	직진
A	회피	(10, 10)	☆(5, 20)★
	직진	☆(20, 5)★	(0, 0)

상대방의 전략이 주어져 있을 때 각 기업의 전략을 표기(A:☆, B:★)하면 위의 표와 같기에 내쉬균형은 (직진, 회피)와 (회피, 직 진)으로 2개이다.

20 국제 - 세계이자율상승 정답 ①

출제 포인트 A국 기준금리는 일정하나 B국 기준금리가 높아졌다면 B국으로의 외자유출이 발생한다.

정답

외자유출에 의해 B국의 화폐수요가 증가하면 A국의 환율상승으로 A국의 순수출은 증가하기에 A국의 총수요는 증가한다. 총수요증 가는 물가상승과 국민소득증가를 초래하고 국민소득증가로 고용도 증가한다.

오답피하기

②, ④ A국에서 B국으로의 외자유출이 발생하고 따라서 A국의 자 본수지는 악화된다.

③ 외자유출에 의해 B국의 화폐수요가 증가하면 A국의 환율상승 (A국통화의 평가절하)으로 A국의 순수출은 증가하고 따라서 A 국의 무역수지는 개선된다.

21 국제 - 헥셔-올린 정리 정답 ④

출제 포인트 헥셔 - 올린 정리는 비교우위의 발생원인을 요소부존 의 차이로 설명한다.

정답

헥셔 - 올린 정리는 2국 - 2재화 - 2요소가 존재하고 생산요소의 국가 간 이동은 불가능하며, 생산함수가 동일하고 선호가 동일하다고 가정한다.

오답피하기

① 헥셔 - 올린 정리는 2국 - 2재화 - 2요소가 존재한다고 가정한다.

② 레온티에프(W. Leontief)의 역설은 자본풍부국으로 여겨지는 미국이 오히려 자본집약재를 수입하고, 노동집약재를 수출하는 현상을 말한다.

③ 헥셔 - 올린 정리는 노동풍부국은 노동집약재 생산에, 자본풍부 국은 자본집약재 생산에 비교우위가 있다고 설명한다.

22 거시 – 화폐수량설 정답 ④

출제 포인트 일반적인 교환방정식 $MV = PY$를 변형하면, $\frac{\Delta M}{M}$ $+ \frac{\Delta V}{V} = \frac{\Delta P}{P} + \frac{\Delta Y}{Y}$이기에 통화공급증가율 + 유통속도증가율 $=$ 물가상승률 + 경제성장률이다.

정답
화폐수량방정식인 $MV = PY$에서 화폐유통속도(V)가 일정하기에 통화량(M)과 명목산출량($= PY$)은 정비례 관계이다. 따라서 양국의 통화량이 5% 증가하면 각각 명목산출량($= PY$)도 5% 증가한다.

오답피하기
①, ②, ③ 통화량증가율이 $\frac{\Delta M}{M} = 5\%$, 화폐유통속도가 일정하기에 화폐유통속도증가율은 $\frac{\Delta V}{V} = 0$이다. 즉, 양국은 $\frac{\Delta M}{M} = \frac{\Delta P}{P}$ $+ \frac{\Delta Y}{Y} = 5\%$이다. 그런데, 주어진 자료만으로 어느 나라가 물가상승률이 높은지 또는 산출량증가율이 높은지 알 수 없다.

23 미시 – 효용극대화 정답 ②

출제 포인트 $\frac{MU_X}{P_X} > \frac{MU_Y}{P_Y}$이면, X재의 1원당 한계효용은 Y재의 1원당 한계효용보다 크다. 그러므로 X재 구입을 늘리고 Y재 구입을 감소시켜 효용증대가 가능하다.

정답
- 甲은 $\frac{10}{10} = (\frac{MU_X}{P_X})^{甲} > (\frac{MU_Y}{P_Y})^{甲} = \frac{5}{20}$이기에 X재 소비를 늘리고, Y재 소비를 줄이면 효용증대가 가능하다.
- 乙은 $\frac{3}{10} = (\frac{MU_X}{P_X})^{乙} = (\frac{MU_Y}{P_Y})^{乙} = \frac{6}{20}$이기에 현재 효용극대화를 달성하고 있다.

24 미시 – 생산함수 정답 ②

출제 포인트 $Q(K, L) = \sqrt{3KL}$은 1차동차 $C - D$생산함수이다.

정답
$Q(K, L) = \sqrt{3KL}$은 1차동차 $C - D$생산함수이기에 규모에 대한 수익불변이다.

오답피하기
① $Q(K, L) = \sqrt{3KL}$은 1차동차 $C - D$생산함수이기에 수확체감의 법칙이 성립한다.

③ 한계기술대체율은 $MRTS_{LK} = \frac{K}{L}$이기에 등량곡선상에서 우하방으로 이동함에 따라 L이 증가하고 K가 감소하면 한계기술대체율이 체감한다.

④ $MC = \frac{w}{MP_L}$에서 $Q(K, L) = \sqrt{3KL}$은 수확체감의 법칙이 성립하기에 한계비용은 체증한다. 따라서 단기한계비용(SMC)곡선은 우상향한다.

25 국제 – 실질환율 정답 ②

출제 포인트 외국 상품 1단위와 교환되는 자국 상품 간 교환비율로 정의되는 실질환율은 $\epsilon = \frac{e \times P_f}{P}$($\epsilon$: 실질환율, e: 명목환율, P_f: 해외물가, P: 국내물가)이다. 그러나 실질환율은 외국 상품으로 표시한 자국 상품의 상대적 가격으로 정의하면, $\epsilon = \frac{P}{e \times P_f}$이다.

정답
$\epsilon = \frac{P}{e \times P_f} = \frac{1,920,000}{1,200 \times 800} = 2$이다.

❯ 셀프 체크

권장 풀이 시간	25분(OMR 표기 시간 포함)
실제 풀이 시간	___시 ___분~시 ___분
맞힌 답의 개수	___개 / 25개

제3회 합격모의고사(통합형)
모바일 자동 채점 + 성적 분석 서비스
바로 가기(gosi.Hackers.com)

QRコ드를 이용하여 해커스공무원의
'모바일 자동 채점 + 성적 분석 서비스'로 바로 접속하세요!
* 해커스공무원 사이트의 가입자에 한해 이용 가능합니다.

❯ 정답

1	②	6	④	11	①	16	②	21	④
2	③	7	①	12	②	17	④	22	④
3	①	8	④	13	④	18	①	23	④
4	②	9	②	14	②	19	①	24	②
5	④	10	③	15	①	20	③	25	②

❯ 취약 단원 분석표

단원	미시	거시	국제
맞힌 답의 개수	/ 10개	/ 10개	/ 5개

1 　미시 – 수요독점　　　　　정답 ②

(출제 포인트) 수요독점에서 고용량은 $MRP_L = MFC_L$에서 결정된다.

(정답)

수요독점의 한계수입생산곡선이 $MRP_L = 300 - 10L$이고, 시장전체의 노동공급곡선이 $w = 100 + 5L$이면, 고용량은 $MRP_L = MFC_L$에서 결정된다. 노동공급곡선이 우상향의 직선일 때 한계요소비용곡선은 노동공급곡선과 절편은 동일하고, 기울기는 2배이기에 $MFC_L = 100 + 10L$이다. $MRP_L = MFC_L$이기에 $300 - 10L = 100 + 10L$이면 $L = 10$이다. 그리고 임금은 노동공급곡선인 $w = 100 + 5L$에서 $L = 10$일 때 $w = 150$이다.

2 　거시 – 재정　　　　　정답 ③

(출제 포인트) 재정은 '조세(T) – 정부지출(G)'이다.

(정답)

- 조세는 $T = 5,000$이고, 재정적자가 $T - G = -1,000$이기에 정부지출은 $G = 6,000$이다.
- GDP는 $Y = C + I + G = 50,000 + 11,000 + 6,000 = 67,000$이다.
- 민간저축은 $S_P = Y - T - C = 67,000 - 5,000 - 50,000 = 12,000$이다.

3 　미시 – 가격탄력성　　　　　정답 ①

(출제 포인트) 수요의 가격탄력성은 가격의 변화율(%)에 대한 수요량의 변화율(%)로, 가격이 1% 변화할 때 수요량의 변화율로 나타낼 수 있다. 따라서 가격이 1% 변화할 때, 수요량의 변화율이 수요의 가격탄력성이다.

(정답)

수요의 가격탄력성은 상품 가격이 변화할 때 상품 수요의 변화가 아니라 수요량의 변화율을 나타낸 것이다.

(오답피하기)

② 수요곡선이 수직선이면 가격탄력성은 항상 0으로 일정하다.

③ 수요곡선이 $Q = \dfrac{5}{P}$의 $C - D$형 함수인 경우, 수요곡선은 직각쌍곡선으로 수요의 가격탄력성은 항상 1이다.

④ 정상재인 경우 수요의 가격탄력성이 1보다 클 때, 가격이 하락할 때 가격의 하락율보다 수요량의 증가율이 더 크기에 기업의 총수입은 증가한다.

4 　미시 – 시장실패　　　　　정답 ②

(출제 포인트) 시장의 가격기구가 효율적인 자원배분을 가져오지 못하는 것을 시장실패라 한다.

(정답)

시장실패는 피구세와 정부의 개입으로 일부 해결할 수 있으나 과도한 정부의 개입은 오히려 시장실패를 야기할 수 있다.

(오답피하기)

① 순수공공재는 비경합성과 비배제성을 특징으로 갖는다.
③ 시장실패는 효율성의 실패로, 과다 생산 또는 소비의 부정적 외부효과만이 아니라 긍정적 외부효과도 과소 생산 또는 소비이기에 시장실패를 유발한다.
④ 완전경쟁시장은 자원배분의 효율성은 보장하나 분배의 공평성을 보장해주는 것은 아니다.

---

5   거시 – 통화정책   정답 ④

(출제 포인트) 중앙은행이 금융정책수단을 이용하여 경제성장, 물가안정, 완전고용, 국제수지균형 등의 정책목표를 달성하려는 정책을 금융정책이라 한다. 금융정책은 재정정책과 함께 총수요관리정책이다.

(정답)

물가안정목표제는 중앙은행이 중기적으로 달성해야 할 물가상승률 목표치를 미리 제시하고 이에 맞추어 통화정책을 수행하는 통화정책 운영체제로 고용증진과 무관하다.

(오답피하기)

① 국채를 매입하면 통화량은 증가하고, 매각하면 통화량은 감소한다.
② 금융통화위원회(monetary policy board)는 통화신용정책 수립 및 한국은행 운영에 관한 최고 의사결정기구로서 7명의 위원으로 구성된다.
③ 재할인율이나 법정지급준비율을 인하하면 통화량은 증가한다.

---

6   거시 – 일반균형   정답 ④

(출제 포인트) C(민간소비지출), I(민간총투자), G(정부지출), $X - M$(순수출)의 합인 총수요가 C(소비지출), S(저축), T(조세)의 합인 총소득과 같을 때, I(민간총투자) $+ G$(정부지출) $+ X$(수출) $= S$(저축) $+ T$(조세) $+ M$(수입)이 이루어진다. 따라서 주입[투자(I) + 정부지출(G) + 수출(X)]과 누출[저축(S) + 조세(T) + 수입(M)]이 일치할 때 균형국민소득이 결정된다.

(정답)

민간저축이 증가하면 대부자금의 공급곡선이 우측 이동하기에 이자율이 하락하나 정부저축의 증감과는 무관하다.

(오답피하기)

① 국민소득 항등식 $Y = C + I + G$를 정리하면 $(Y - T - C) + (T - G) = I$, $S = I$이기에 폐쇄경제에서 총저축은 투자와 같다.
② 민간저축이 증가하면 이자율이 하락하기에 투자가 증가한다.
③ 국민소득 항등식 $Y = C + I + G$를 정리한 $(Y - T - C) + (T - G) = I$에서 민간저축 $(Y - T - C)$과 정부저축 $(T - G)$의 합은 총저축 S이다. 즉, $S = I$이다.

---

7   거시 – 리카르도 등가정리   정답 ①

(출제 포인트) 정부지출재원을 국채를 통하든 조세를 통하든 국민소득은 전혀 증가하지 않는다는 것을 리카르도 등가정리라 한다.

(정답)

ㄱ, ㄷ. 합리적인 경제주체들은 미래소득과 현재소득 모두에 영향을 받기에 국채를 발행하고 조세를 감면하면, 국채를 미래조세를 통해 상환해야 할 부채로 인식하여 저축을 늘리기에 국채발행은 소비에 영향을 줄 수 없다.

(오답피하기)

ㄴ. 개인들이 차입제약에 놓여있거나 근시안적 의사결정을 내리는 경우 그리고 경제활동인구증가율이 0보다 큰 경우에는 리카도의 등가정리가 성립하지 않는다.
ㄹ. 리카르도 등가정리의 내용은 정부지출 확대정책이 경제에 영향을 미치지 않는다는 것이 아니라 확대적인 재정정책을 실시할 때 재원조달 방식을 조세에서 국채로 바꾸더라도 정책의 효과가 달라지지 않는다는 것이다.

---

8   국제 – 헥셔 – 올린모형   정답 ④

(출제 포인트) 비교우위의 발생원인을 요소부존의 차이로 설명하는 헥셔 – 올린 정리는, 노동풍부국은 노동집약재 생산에, 자본풍부국은 자본집약재 생산에 비교우위가 있다고 설명한다.

(정답)

자유무역이 이루어지면 각국에서 풍부한 생산요소의 소득이 증가하기에 A국에서는 상대적으로 자본임대료가 상승한다. 즉, A국에서는 노동의 자본에 대한 상대요소가격이 하락한다.

(오답피하기)

① 두 나라의 요소집약도를 비교해보면 $1.2 = \dfrac{30}{25} = (\dfrac{K}{L})^A > (\dfrac{K}{L})^B = \dfrac{55}{50} = 1.1$이기에 상대적으로 A국은 자본풍부국, B국은 노동풍부국이다.
② 헥셔 – 올린 정리에 의하면 각국은 상대적으로 풍부한 생산요소를 집약적으로 투입하는 재화생산에 비교우위를 가지기에 A국은 자본집약재에 비교우위를 갖는 반면 B국은 노동집약재에 비교우위를 갖는다.
③ 각국이 상대적으로 생산비가 낮은 재화생산에 특화하여 무역을 하면 두 나라가 모두 교역 이전보다 더 많은 재화를 소비할 수 있다.

---

9   거시 – 유동성함정   정답 ②

(출제 포인트) 유동성함정하 화폐수요의 이자율탄력성이 무한대로 재정정책의 효과가 극대화된다.

(정답)

ㄴ, ㄹ. 유동성함정 구간에서는 화폐수요의 이자율탄력성이 무한대이기에 LM곡선은 수평선이다.

(오답피하기)

ㄱ. 유동성함정 구간에서는 LM곡선은 수평선이나 다른 조건이 주어져 있지 않다면 IS곡선의 형태는 알 수 없다.

ㄷ. 유동성함정 구간에서는 LM곡선이 수평선이고 이로 인해 구축
효과가 발생하지 않기에 재정정책의 승수효과는 상쇄되지 않는다.

10　거시 – 인플레이션　정답 ③

(출제 포인트) 인플레이션이 발생하면, 화폐자산의 명목가치는 불변
이나 실질가치는 감소하고, 실물자산의 명목가치는 상승하고 실질
가치는 (평균적으로) 불변이다.

(정답)
따라서 화폐자산의 명목가치는 불변이고, 실물자산의 명목가치는
상승이다.

11　미시 – 인건비　정답 ①

(출제 포인트) 인건비가 상승하면 한계비용곡선과 평균비용곡선이 상
방으로 이동한다.

(정답)
• 완전경쟁하 $P = MC$에서, 인건비가 상승하면 한계비용곡선이 상
방으로 이동하기에 생산량이 감소한다.
• 이윤은 이윤 $= (P - AC)Q$에서, 인건비가 상승하면 평균비용곡
선이 상방으로 이동하기에 경제적 이윤이 감소한다.

12　미시 – 이윤극대화　정답 ②

(출제 포인트) 제품 한 단위당 세금을 부과하는 종량세는 생산자에게
부과될 때 생산자가 소비자로부터 받고자 하는 가격이 단위당 조세
(T원)만큼 상승하고, 소비자에게 부과될 때 소비자가 생산자에게
지불할 용의가 있는 금액이 단위당 조세(T원)만큼 하락한다.

(정답)
• 독점기업의 이윤극대화 조건은 $MR = MC$이고 총비용함수를 Q
에 대해 미분한 한계비용은 $MC = 2Q$이다.
• 이때, 정부가 단위당 200원의 조세를 부과하면 한계비용은 200
원 상승하기에 한계비용은 $MC + T = 200 + 2Q$가 된다.
• 바뀐 한계비용과 한계수입 $MR = 1,200 - 2Q$를 연립하면
$1,200 - 2Q = 200 + 2Q$, $4Q = 1,000$,이윤극대화 생산량은
$Q = 250$이다.

13　거시 – 지급준비금　정답 ④

(출제 포인트) 법정지급준비율이 5%이고 요구불예금이 $5,000$만 원
일 때 법정지급준비금은 $5,000 \times 0.05 = 250$만 원이다.

(정답)
실제지급준비금 $1,000$만 원 중 법정지급준비금은 '요구불예금
$5,000$만 원 $\times$ 법정지급준비율 5%' $= 250$만 원이기에 초과지급준
비금은 750만 원이다.

14　거시 – IS-LM　정답 ②

(출제 포인트) 소비증가, 투자증가, 정부지출증가, 수출증가로 IS곡선
은 우측으로 이동하고, 조세증가, 수입증가, 저축증가로 IS곡선은
좌측으로 이동한다. 통화량증가로 LM곡선은 우측으로 이동하고,
(거래적 동기)화폐수요증가, 물가상승으로 LM곡선은 좌측으로 이
동한다.

(정답)
조세감소와 통화량증가를 통해 확장적 재정정책과 통화정책을 실
시하면 IS곡선과 LM곡선이 우측이동하기에 균형국민소득을 가장
크게 증가시킨다.

15　미시 – 독점시장　정답 ①

(출제 포인트) 독점기업은 $MR = MC$에서 생산량을 결정하고,
$MR = MC$의 위에 있는 수요곡선상의 점에서 가격이 결정된다. 즉,
$P = AR > MR = MC$이다.

(정답)

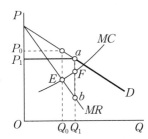

• 그림에서 P_1가격으로 가격상한제가 실시되면 수요곡선은 P_1가격
에서 수평선이 되고 P_1 이하의 구간에서는 다시 우하향한다.
• 수요곡선이 수평선인 구간에서는 한계수입곡선과 수요곡선은 일
치하고, P_1 이하의 구간에서는 a점과 b점 사이에서 한계수입곡선
은 수직선이 된다.
• 이때, 가격상한제 실시 이후에도 독점기업은 여전히 이윤극대화
생산량 조건인 $MR = MC$에서 생산량을 결정하기에 독점기업은
Q_1만큼 생산한다.
• 즉, 독점기업의 생산량은 증가한다.

16　거시 – 한계생산물 균등의 법칙　정답 ②

(출제 포인트) 주어진 등비용선 수준에서 총생산물이 극대가 되는 것
을 생산자균형이라 하고, 등량곡선과 등비용선이 접하는 점에서 결
국, 한계생산물균등의 법칙에 따라 달성된다.

(정답)
한계생산물 균등의 법칙 $(\frac{MP_L}{w} = \frac{MP_K}{r})$이 성립할 때 생산자균형

이 달성되고 일반적으로 한계생산물은 체감하기에 1원당 노동의

한계생산 $(\frac{MP_L}{w})$이 1원당 자본의 한계생산 $(\frac{MP_K}{r})$보다 작다면 노

동투입량을 감소시키고 자본투입량을 증가시켜야 한다.

17 거시 – 관세부과   정답 ④

출제 포인트 (소국)관세가 부과되더라도 국제가격(수입가격)이 변하지 않아 교역조건은 불변이고 단위당 T원의 관세가 부과되면 국내가격이 T원만큼 상승한다. 따라서 국내생산증가, 국내소비감소, 국제수지개선, 및 재정수입증가 효과가 발생한다. 그리고 소비자잉여 감소, 생산자잉여증가, 재정수입증가, 사회적후생손실이 발생한다.

정답
수입관세가 부과되면 정부수입이 증가하나 수출보조금을 지원하면 정부수입은 감소한다.

오답피하기
① 수입관세를 부과하면 국내가격이 상승하기에 국내생산량이 증가한다.
②, ③ 수입관세를 부과하거나 수출보조금을 지원하면 국내가격이 상승하기에 국내생산자잉여를 증가시키고 국내소비자잉여를 감소시킨다.

18 미시 – 가격효과   정답 ①

출제 포인트 재화의 가격변화에 따른 구입량의 변화를 가격효과라 하고 대체효과와 소득효과로 나누어진다. 동일한 실질소득 수준에서 상대가격의 변화에 따른 구입량의 변화를 대체효과라 하고 항상 음($-$)이다. 동일한 상대가격 수준에서 실질소득의 변화에 따른 구입량의 변화를 소득효과라 하며, 정상재이면 음($-$), 열등재이면 양($+$)이다.

정답
두 재화가 완전보완재일 때, 무차별곡선은 L자 형태이기에 대체효과는 0이다.

오답피하기
② 정상재인 경우, 소득효과는 ($-$)의 값을 갖는다.
③ 기펜재인 경우, 가격효과는 ($+$)의 값을 갖는다.
④ 무차별곡선이 원점에 대해 볼록한 형태일 때 대체효과는 재화 종류에 관계없이 항상 음($-$)의 값을 갖는다.

19 국제 – 무위험이자율평가설   정답 ①

출제 포인트 금융시장에서 일물일가의 법칙을 전제로, 국가 간 완전 자본이동이 보장될 때 국내투자수익률과 해외투자수익률이 동일해야 한다는 것이 이자율 평가설이다. 이때, 해외투자수익률의 불확실성은 선물계약을 통해 제거할 수 있기에, 무위험이자율평가설은 현재환율(1 + 국내이자율) = 선도환율(1 + 해외이자율)이다.

정답
• 1원을 국내에 투자할 때 한국의 이자율이 5%이기에 원리금은 1.05원이다. 1원을 현물환율(E)인 1,000원/달러에 따라 1/1,000달러로 환전하여 미국에 투자할 때 미국의 이자율이 3%이기에 원리금은 1/1,000(1.03)달러이고 이를 선물환율(F)인 1,100원/달러에 따라 원화로 환전하면 1,100/1,000(1.03)원이다. 따라서 1.05 < 1,100/1,000(1.03)원 ≒ 1.13원으로 국내투자수익률보다 미국투자수익률이 크다.

• 두 국가 간 자본 이동이 완전하기에 미국으로의 자본유출로 현물환율은 상승(ⓒ)하여 국내투자수익률과 미국투자수익률은 같아지게 된다. 다른 조건이 일정할 때 한국의 이자율이 상승(ⓐ)해도 국내투자수익률과 미국투자수익률은 같아지게 된다.

20 국제 – 환율상승   정답 ③

출제 포인트 환율이 상승하면 달러로 나타낸 수출품 가격이 하락하고, 원화로 표시한 수입원자재의 가격이 상승한다.

정답
• 환율이 상승하면 달러로 나타낸 수출품 가격이 하락한다. 달러로 나타낸 수출품 가격의 하락으로 순수출이 증가하면 총수요곡선이 오른쪽으로 이동한다.
• 환율이 상승하면 원화로 표시한 수입원자재의 가격이 상승한다. 수입원자재 가격이 상승하면 비용인상이 발생하므로 총공급곡선이 왼쪽으로 이동한다.

21 미시 – 게임이론   정답 ④

출제 포인트 상대방의 전략을 주어진 것으로 보고 경기자는 자신에게 가장 유리한 전략을 선택하였을 때 도달하는 균형을 내쉬균형이라 한다.

정답
내쉬균형은 (C, C)인 (-5, -5)이다. 그러나 경기자들이 D를 선택하기로 담합하더라도 일방이 C를 선택하면 보수가 -1이 될 수 있기에 그 담합은 파괴될 위험에 처해 있다. 하지만, 게임을 반복할 경우에는 상대방의 보복을 염려하여 담합은 유지될 가능성이 크다. 따라서 게임을 반복할 경우에는 균형이 달라질 수 있다.

오답피하기
① 모든 경기자에게 우월 전략이 존재한다. 즉, 경기자1의 경우, 경기자2가 C를 선택하면 경기자1은 C를 선택하고, 경기자2가 D를 선택하면 경기자1은 C를 선택하기에 경기자1의 우월전략은 C이다. 경기자2의 경우, 경기자1이 C를 선택하면 경기자2는 C를 선택하고, 경기자1이 D를 선택하면 경기자2는 C를 선택하기에 경기자2의 우월전략은 C이다.
② 우월전략균형은 내쉬균형에 포함되기에 유일한 내쉬균형은 (C, C)인 (-5, -5)이다.
③ 우월전략균형은 (C, C)인 (-5, -5)이지만 모두 열위 전략인 D를 선택하면 (-2, -2)로 보수가 증가할 수 있다. 따라서 개인의 합리적 선택이 효율성을 보장하지 않는다는 것을 보여준다.

22 국제 – 무역   정답 ④

출제 포인트 산업 간 무역은 비교우위에 의해 두 나라가 서로 다른 산업에서 생산되는 재화를 수출하지만, 산업 내 무역은 주로 규모의 경제와 독점적 경쟁에 의해 두 나라가 동일 산업에서 생산되는 재화를 수출한다.

산업 간 무역이 이루어지면 일부 생산요소는 유리해지나 일부 생산요소는 불리해진다. 그러나 산업 내 무역이 이루어질 때는 모든 생산요소의 소득이 증가할 수도 있다.

① 산업 간 무역은 리카르도의 비교우위에 따라 국가 간 노동생산성의 차이로 발생할 수 있다.
② 산업 간 무역은 헥셔 − 오린 정리에 따라 국가 간 생산요소 부존도의 차이로 발생할 수 있다.
③ 산업 내 무역은 주로 규모의 경제와 독점적 경쟁에 의해 두 나라가 동일 산업에서 생산되는 재화를 수출한다.

23　미시 − 한계대체율
정답 ④

동일한 효용 수준을 유지하면서 X재 한 단위 추가 소비 시 감소하는 Y재 변화량을 한계대체율이라 하고, 무차별곡선상 접선의 기울기로 구한다.

- $MRS_{XY} = -\dfrac{\Delta Y}{\Delta X} = \dfrac{MU_X}{MU_Y}$ 는 'Y재로 표시한 X재의 한계대체율'이다.
- 옥수수의 한계효용 $MU_{옥수수}$가 감자의 한계효용 $MU_{감자}$의 2배이기에 감자로 표시한 옥수수의 한계대체율 $MRS_{옥수수감자}$ $= \dfrac{MU_{옥수수}}{MU_{감자}} = 2$이다.

24　미시 − 독점
정답 ②

독점기업은 $MR = MC$에서 생산량을 결정하고, $MR = MC$의 위에 있는 수요곡선상의 점에서 가격이 결정된다.

- 독점기업의 수요함수가 $P = 10 - Q$이기에 한계수입 $MR = 10 - 2Q$이다.
- 이윤극대화 생산량을 구하기 위해 $MR = MC$로 두면 $10 - 2Q = 0$, $Q = 5$이고, 이를 수요함수에 대입하면 $P = 5$이다.
- 시장구조가 완전경쟁이면 항상 가격과 한계비용이 일치하기에 $P = MC$로 두면 $10 - Q = 0$, $Q = 10$이다. 즉, 10단위의 재화가 생산된다. $Q = 10$을 수요함수에 대입하면 $P = 0$으로 계산된다.
- 시장구조가 완전경쟁에서 독점화되면 생산량이 5단위 감소하고 가격도 5원 상승한다. 이때 독점으로 인한 후생손실의 크기는 그림에서 삼각형의 면적이기에 $12.5 (= \dfrac{1}{2} \times 5 \times 5 = 12.5)$이다.

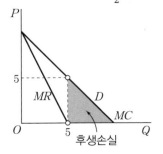

25　국제 − 환율
정답 ②

'실물 단위'로 표시한 실질환율은 $\epsilon = e \times \dfrac{P_f}{P}$ (ϵ: 실질환율, e: 명목환율, P_f: 해외물가, P: 국내물가)이기에, 이를 변형하면 실질환율변화율 = 명목환율변화율 + 해외물가상승률 − 국내물가상승률이다.

- 우리나라의 명목이자율이 미국의 명목이자율보다 $4\%p$ 높지만 실질이자율이 동일하다는 것은 우리나라의 인플레이션율이 미국보다 $4\%p$ 높다는 것을 의미한다.
- 실질환율($\epsilon = \dfrac{e \times P_f}{P}$)을 증가율로 바꾸면 $\dfrac{d\epsilon}{\epsilon} = \dfrac{de}{e} + \dfrac{dP_f}{P_f} - \dfrac{dP}{P}$ 로 나타낼 수 있다.
- 실질환율이 일정하기에 $\dfrac{d\epsilon}{\epsilon} = 0$이고, 우리나라의 인플레이션율이 미국의 인플레이션율보다 $4\%p$ 높기에 $(\dfrac{dP_f}{P_f} - \dfrac{dP}{P}) = -4\%$이다.
- 그러므로 명목환율변화율 $\dfrac{de}{e} = 4\%$임을 알 수 있다. 즉, 원화의 가치가 4% 하락할 것임을 추론할 수 있다.

제4회 합격모의고사(서술형)

셀프 체크

권장 풀이 시간	25분(OMR 표기 시간 포함)
실제 풀이 시간	___시 ___분~시 ___분
맞힌 답의 개수	___개 / 25개

제4회 합격모의고사(서술형)
모바일 자동 채점 + 성적 분석 서비스
바로 가기(gosi.Hackers.com)

QR코드를 이용하여 해커스공무원의
'모바일 자동 채점 + 성적 분석 서비스'로 바로 접속하세요!
* 해커스공무원 사이트의 가입자에 한해 이용 가능합니다.

정답

1	③	6	③	11	②	16	②	21	④
2	③	7	①	12	③	17	①	22	④
3	③	8	①	13	②	18	④	23	①
4	①	9	②	14	①	19	②	24	④
5	④	10	①	15	③	20	③	25	①

취약 단원 분석표

단원	미시	거시	국제
맞힌 답의 개수	/ 11개	/ 11개	/ 3개

---

1 | 거시 – 필립스곡선 정답 ③

(출제 포인트) 명목임금상승률과 실업률의 관계를 나타내는 곡선을 필립스곡선이라 한다.

(정답)
정부지출이 증가하면 AD곡선의 우측이동으로 물가가 상승하고 실질GDP가 증가하기에, 각각 인플레이션율의 증가와 실업률의 감소를 초래하여 단기필립스곡선상에서 좌상방으로 이동한다. 장기필립스곡선은 자연실업률 수준에서 수직선이기에 이동하지 않는다.

(오답피하기)
① 자연실업률이 상승하면 단기필립스곡선과 장기필립스곡선 모두 우측이동한다.
② 수입원유가격이 하락하면 생산비가 감소하여 AS곡선의 우측이동으로 물가가 하락하고 실질GDP가 증가하기에, 각각 인플레이션율의 감소와 실업률의 감소를 초래하여 단기필립스곡선은 왼쪽(좌하방)으로 이동한다. 그러나 장기필립스곡선은 자연실업률 수준에서 수직선이기에 이동하지 않는다.
④ 예상인플레이션율이 하락하는 경우에는 장기필립스곡선은 이동하지 않고 단기필립스곡선이 왼쪽(좌하방)으로 이동한다.

2 | 미시 – 무차별곡선 정답 ③

(출제 포인트) 감자가 재화(goods), 고기가 비재화(bads)일 때, 무차별곡선은 우상향의 형태가 된다.

(정답)
감자가 재화(goods), 고기가 비재화(bads)이기에 고기 섭취량이 증가할 때 동일한 효용이 유지되려면 감자의 섭취량이 늘어나야 한다. 따라서 A의 무차별곡선은 그림과 같이 우상향의 형태가 된다.

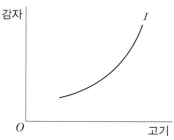

3 | 미시 – 과점 정답 ③

(출제 포인트) 상대방 기업의 생산량이 주어져 있을 때 자신의 이윤극대화 생산량을 나타내는 곡선이 반응곡선이다.

두 기업의 반응곡선이 교차하는 점에서 꾸르노균형이 달성된다.

① 베르뜨랑모형의 경우 균형에서는 $P=MC$가 되며, 균형에서 각 기업은 정상이윤만을 얻는다.
② 굴절수요곡선모형에서는 각 기업은 경쟁기업의 가격인하에는 민감하게 반응하나 가격인상에는 반응하지 않는다고 가정한다.
④ 꾸르노모형은 생산량결정모형, 베르뜨랑모형과 굴절수요곡선모형은 가격결정모형이다.

---

4 미시 – 현시선호이론
정답 ①

맥주와 오징어의 가격이 모두 10원일 때 맥주 10병과 오징어 5마리를 구입한다면 소득은 150원이다.

• 지난달에 맥주와 오징어의 가격이 모두 10원일 때 맥주 10병과 오징어 5마리를 구입하였기에 지난달의 소득은 150원이었다.
• 오징어의 가격은 불변이나 맥주 가격이 5원으로 하락하면 맥주 10병과 오징어 5마리를 구입하는 데 100원이 필요하다.
• 이번 달에는 소득이 50원 감소하였으나 지난달과 동일한 양의 재화를 구입할 수 있다.
• 지난달 예산선은 오징어 15마리와 맥주 15병을 연결한 선이고 이번 달 예산선은 오징어 10마리와 맥주 20병을 연결한 선이다. 교점인 E점에서 모두 소비가능하다.

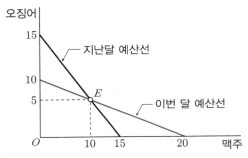

ㄱ. 이번 달에 맥주소비량이 지난달보다 감소한다면 즉, 오징어 10마리와 E점을 연결한 선의 한 점을 구입하면 서연이의 선호는 약공리에 위배된다.
ㄴ, ㄷ. E점과 맥주 20병을 연결한 선의 한 점을 구입하면 서연이의 선호는 약공리에 충족된다. 따라서 이번 달의 효용은 지난달보다 증가할 것이다. 또한 이번 달에 오징어 소비량이 지난달보다 감소한다.

---

5 미시 – 수요곡선
정답 ④

가격소비곡선은 탄력적일수록 우하향 형태이고 비탄력적일수록 우상향 형태이며 가격 탄력도가 1일 때 수평이다.

최초의 균형점 E_0와 가격하락 이후의 균형점 E_1을 연결한 가격소비곡선은 우상향이다. 가격소비곡선이 우상향할 때 X재 수요의 가격탄력성은 비탄력적이다.

---

① 균형점이 E_0에서 E_2로 이동한 것은 대체효과, E_2에서 E_1으로 이동한 것은 소득효과이다. 즉, 소득효과가 0이다. 열등재와 기펜재는 수요의 소득탄력성이 (－)인 재화이기에 X재는 열등재도 아니고 기펜재도 아니다.
② 소득효과가 0으로 가격효과와 대체효과가 일치한다. 따라서 가격효과를 이용해서 도출한 보통수요곡선과 대체효과만을 이용해서 도출한 보상수요곡선은 일치한다.
③ 소득이 증가할 때 X재 구입량이 전혀 변하지 않기에 엥겔곡선은 수직선으로 도출된다.

---

6 미시 – 비용곡선
정답 ③

한계비용이 평균비용보다 크면 평균비용은 증가하고, 한계비용이 평균비용보다 작으면 평균비용은 감소한다.

ㄱ. 한계비용과 한계생산물은 역의 관계가 성립하기에 한계비용이 증가할 때 한계생산물은 체감한다.
ㄷ. 평균총비용곡선은 U자 형태이고 한계비용곡선은 평균비용곡선의 최저점을 지나 우상향하기에 한계비용이 평균총비용보다 작을 때 평균총비용은 감소한다.
ㅁ. 평균고정비용곡선은 우하향의 직각쌍곡선이기에 생산량이 증가함에 따라 평균고정비용은 감소한다.

ㄴ. 평균총비용은 평균가변비용과 평균고정비용의 합이고 평균총비용곡선과 평균가변비용곡선은 U자 형태, 평균고정비용곡선은 직각쌍곡선이기에 평균가변비용곡선의 최저점은 평균총비용곡선의 최저점보다 좌측에 위치한다.
ㄹ. 평균총비용곡선은 U자 형태이고 한계비용곡선은 평균비용곡선의 최저점을 지나 우상향한다.

---

7 미시 – 외부효과
정답 ①

재화의 생산과정에서 제3자에게 의도하지 않은 이득을 주지만 대가를 받지 않아 사적비용이 사회적비용보다 커서 과소생산이 되는 것을 생산의 외부경제라 한다.

시장의 가격기구를 통하지 않고 제3자에게 의도하지 않은 이득이나 손해를 주지만 대가를 받지도 지불하지도 않는 것을 외부효과라 한다.

② 긍정적 외부효과가 발생하는 경우 시장은 과소생산하기에 시장균형생산량은 사회적 최적생산량보다 작다.
③, ④ 외부효과가 발생하면 정부는 외부한계편익이나 재화단위당 외부한계비용만큼 보조금을 지급하거나 피구세를 부과한다.

8 미시 – 가격차별   정답 ①

출제 포인트 각 단위의 재화에 대하여 소비자들이 지불할 용의가 있는 최대금액을 설정하는 것이 제1급 가격차별이고, 재화구입량에 따라 각각 다른 가격을 설정하는 것이 제2급 가격차별이며, 시장을 몇 개로 분할하여 각 시장에서 서로 다른 가격을 설정하는 것이 제3급 가격차별이다.

정답

ㄱ. 독점기업이 시장에서 한계수입보다 높은 수준으로 가격을 책정하는 것은 이윤극대화의 전략이고, 가격차별 전략은 각 단위의 재화에 대하여 혹은 재화구입량에 따라 혹은 시장을 몇 개로 분할하여 서로 다른 가격을 설정하는 것이다.

ㄴ. 1급 가격차별의 경우, 독점기업은 각 단위의 재화에 대하여 소비자들이 지불할 용의가 있는 최대금액을 설정하고 한계수입곡선과 수요곡선이 일치하는 완전경쟁시장에서의 생산량과 같은 수준에서 생산한다.

ㅁ. 영화관 조조할인은 시간에 따라 시장을 분할하기에 3급 가격차별에 해당한다.

오답피하기

ㄷ. 2급 가격차별은 재화구입량에 따라 각각 다른 가격을 설정한다.

ㄹ. 3급 가격차별은 시장을 몇 개로 분할하여 각 시장에서 서로 다른 가격을 설정하는 것이고 재판매가 가능한 경우 시장별로 다른 가격을 설정하는 것의 실효성이 사라지기에 재판매가 불가능한 경우에만 가능하다.

9 미시 – 쌍방독점   정답 ②

출제 포인트 생산요소의 수요와 공급이 모두 독점인 경우를 쌍방독점이라 하고, 공급독점자는 $MR = MC$인 점에서 요소공급량을 결정하려하고 수요독점자는 $MRP_L = MFC_L$에서 요소수요량을 결정하려한다.

정답

ㄱ. 임금 및 고용량은 수요독점자와 공급독점자의 협상에 의해 결정된다.

ㄹ. 노동시장에 쌍방독점이 존재할 때, 임금은 두 당사자의 협상에 따라 완전경쟁 노동시장에서 결정되는 임금보다 더 높은 수준으로 결정될 수도 있고, 더 낮은 수준으로 결정될 수도 있으나 $MRP_L = MFC_L$에서 고용량이 결정되기에 고용량은 항상 완전경쟁일 때보다 더 적은 수준으로 결정된다.

오답피하기

ㄴ. 수요독점자는 $MRP_L = MFC_L$에서 요소수요량을 결정하려한다.

ㄷ. 공급독점자는 $MR = MC$인 점에서 요소공급량을 결정하려한다.

10 미시 – 노동수요곡선   정답 ①

출제 포인트 생산물시장이 완전경쟁이면, 가격과 한계수입이 일치하기에 한계생산물가치(VMP_L)곡선이 개별기업의 노동수요곡선이다.

정답

생산물에 대한 수요가 증가하면 가격상승으로 노동수요곡선인 한계생산물가치(VMP_L)곡선이 우측으로 이동한다.

오답피하기

② 노동 1단위당 자본량이 증가하면 $\frac{K}{L}$가 증가하여 $Q = AL^{\alpha}K^{\beta}$하 $MP_L = \alpha AL^{\alpha-1}K^{\beta} = \alpha AL^{\alpha}\frac{K}{L}K^{\beta-1}$에서 MP_L 증가로 노동수요곡선이 우측으로 이동한다.

③ 노동의 한계생산물이 빠르게 체감할수록 한계생산물가치(VMP_L)곡선이 급경사가 되기에 노동수요는 임금비탄력적이 된다.

④ 노동시장이 수요독점이면 생산물시장도 불완전경쟁(독점)으로 우상향의 노동공급곡선상에서 가장 유리한 고용량을 선택할 수 있으므로 수요독점의 노동수요곡선은 존재하지 않는다.

11 미시 – 굴절수요곡선   정답 ②

출제 포인트 경쟁기업이 가격을 인상하면 가격을 인상하지 않고, 경쟁기업이 인하하면 자신도 가격을 인하하는 굴절수요곡선모형은 과점기업이 설정하는 가격이 경직적임을 시사한다.

정답

굴절수요곡선은 원점에 대해 볼록한 모양이 아니라 원점에 대해 오목한 모양이다.

오답피하기

① 과점기업이 직면하는 수요곡선은 현재의 가격보다 높은 가격에서는 기울기가 완만하지만 현재의 가격보다 낮은 가격에서는 기울기가 가파른 굴절수요곡선이기에 한계수입곡선은 불연속하다.

③, ④ 경쟁기업이 가격을 인상하면 가격을 인상하지 않고, 경쟁기업이 인하하면 자신도 가격을 인하한다.

12 미시 – 두 기간모형   정답 ③

출제 포인트 예산선의 기울기는 예산제약식 $C_1 + \frac{C_2}{1+r} = Y$에서 $(1+r)$이고, 무차별곡선의 접선의 기울기는 효용함수 $U = C_1^{\alpha}C_2^{1-\alpha}$에서 $MRS_{C_1C_2} = \frac{\alpha C_2}{(1-\alpha)C_1}$이기에 $\frac{\alpha C_2}{(1-\alpha)C_1} = 1+r$일 때 소비자균형점은 달성된다.

정답

- 소비자균형 조건($\frac{\alpha C_2}{(1-\alpha)C_1} = 1+r$)과 예산선($C_1 + \frac{C_2}{1+r} = Y$)을 이용하여 계산하면, 다음과 같다.
- $\frac{\alpha C_2}{(1-\alpha)C_1} = 1+r$, $C_1 + \frac{C_2}{1+r} = Y$에서

$$C_1 + \frac{\frac{1-\alpha}{\alpha}C_1(1+r)}{1+r} = Y$$ 이기에

$$C_1\left(\frac{1}{\alpha}\right) = Y, \quad C_1 = \alpha Y$$ 이고

$$C_2 = (1-\alpha)(1+r)Y$$ 이다.

또한 $S_1 = Y - C_1 = (1-\alpha)Y$ 이다.

- 따라서 2기의 소비는 $C_2 = (1-\alpha)(1+r)Y$ 이다.

오답피하기

① 1기의 저축률은 $S_1 = (1-\alpha)Y$이기에 $1-\alpha$이다.

② 1기의 소비는 $C_1 = \alpha Y$이다.

④ 2기 소비는 $C_2 = (1-\alpha)(1+r)Y$이기에 이자율에 비례적이다.

13 거시 - 새케인즈학파　정답 ②

출제 포인트 새케인즈학파는 가격변수가 비신축적으로 시장청산이 곤란하다는 것을 미시기초하에 입증하여, 합리적 기대 속에 가격변수가 경직적이면 안정화정책이 효과가 있음을 주장한다.

정답

화폐의 중립성이 성립되면 통화량의 변화는 명목변수에만 영향을 줄 뿐 실질변수에는 영향을 미치지 못하기에 총공급곡선은 수직선이다.

오답피하기

①, ③, ④ 불완전정보모형(상대가격 착각이론), 비신축적 임금모형(임금의 경직성이론), 비신축적 가격모형(가격의 경직성이론)은 모두 단기총공급곡선이 우상향하는 이유이다.

14 거시 - 리카도 등가정리　정답 ①

출제 포인트 정부지출재원을 국채를 통하든 조세를 통하든 국민소득은 전혀 증가하지 않는다는 것을 리카도 등가정리라 한다. 리카도 등가정리에 따르며 합리적인 경제주체는 국채를 미래의 조세로 인식한다. 따라서 조세징수와 국채발행은 아무런 차이가 없고 소비, 이자율, 국민소득 등 실질변수는 불변이다.

정답

따라서 국채는 자산이 아니라 미래의 조세 즉, 부채로 인식한다.

오답피하기

②, ④ 소비자가 합리적이고, 경제활동인구증가율이 0%이며, 유동성제약이 없어야 리카도 등가정리가 성립한다. 또한 조세는 정액세로 부과되고 정부지출 규모는 일정해야 성립한다.

③ 정부지출의 재원조달방법이 조세에서 국채발행으로 변해도 민간부문의 경제활동에 아무런 영향을 주지 못한다.

15 거시 - 성장모형　정답 ③

출제 포인트 노동의 완전고용보장 성장률인 자연성장률(Gn)이 인구증가율(n)과 동일하고, 자본의 완전고용보장 성장률인 적정성장률(Gw)이 자본증가율($\frac{s}{v}$)과 동일할 때, $\frac{s}{v} = n$ 즉, 적정성장률과 자연성장률 일치할 때 자본과 노동이 모두 완전고용되면서 경제성장이 이루어진다. 이를 $H-D$모형의 기본방정식이라 하고, $\frac{s}{v} > n$ 일 때 자본과잉으로 소비가 미덕이고, $sv < n$일 때 인구과잉(실업)으로 저축이 미덕이다.

정답

성장모형에서 $sv < n$은 적정성장률보다 자연성장률이 더 크다. 즉, 자본의 완전고용보장 성장률보다 노동의 완전고용보장 성장률이 크기에 인구과잉이 발생하게 된다. 따라서 wr가 하락하고, 기업들은 상대적으로 노동고용량을 증가시키게 되므로 $\frac{K}{L}$가 감소한다.

16 거시 - 자연실업률　정답 ②

출제 포인트 마찰적실업과 구조적실업만 존재할 때의 실업률을 자연실업률이라 한다.

정답

최저임금제나 효율성임금, 노조 등은 비자발적 실업을 유발하여 일정기간 유지 시 자연실업률을 높이는 요인으로 작용하나, 마찰적 실업을 증가시키는 요인으로는 보기 곤란하다.

오답피하기

① 인터넷의 발달로 일자리 정보를 쉽게 찾을 수 있게 되면 마찰적 실업이 감소하기에 자연실업률을 낮추는 역할을 한다.

③ 경기침체로 실업률증가 후 일정기간 유지 시 노동자의 숙련도 상실과 근로에 대한 태도변화로 자연실업률 자체가 높아지는 현상을 실업률의 이력현상 또는 기억효과라 한다. 따라서 이력현상에 의하면 실제 실업률이 자연실업률을 초과하게 되면 자연실업률 수준도 높아지게 된다.

④ 일자리를 찾는 데 걸리는 시간 때문에 발생하는 실업은 마찰적 실업으로 자연실업률의 일부이다.

17 거시 - 화폐수요이론　정답 ①

출제 포인트 프리드만의 화폐수요함수는 $\frac{M^d}{P} = \frac{1}{V(r, \pi^e)} \cdot Y$이다.

정답

프리드만의 신화폐수량설은 화폐수요는 항상소득의 증가함수이고 유통속도가 이자율과 예상인플레이션율의 영향을 받지만 그 정도는 매우 미미하다고 본다.

오답피하기

② 다른 조건이 일정할 때, 명목소득증가율이 10%이면 통화공급 증가율은 10%이다.

③ 보몰의 재고이론에 대한 설명이다.

④ 일반적으로 대체효과가 소득효과보다 크기 때문에 투기적 동기의 화폐수요는 이자율의 감소함수이다.

18 거시 - 필립스곡선　정답 ④

출제 포인트 인플레이션율과 실업률이 반비례로 '상충관계'임을 보여주는 필립스곡선상의 점들은 물가안정과 고용안정을 동시에 달성할 수 없음을 뜻한다.

정답

프리드만과 펠프스의 자연실업률가설에 의하면 장기에 기대인플레이션율과 실제인플레이션율이 일치하여 필립스곡선이 수직선이기에 장기에는 실업률과 인플레이션 간에 상충관계가 존재하지 않는다.

오답피하기

① 필립스는 영국의 자료를 분석하여 실업률과 명목임금상승률이 역의 관계를 보여주는 우하향의 필립스곡선을 도출하였다.

② 1970년대 석유파동으로 인해 실업률과 인플레이션율이 모두 높아지는 스태그플레이션이 나타났는데, 이는 필립스곡선이 오른쪽으로 이동하였기 때문이다.

③ 단기총공급곡선과 단기필립스곡선은 서로 대칭이기에 단기총공급곡선이 가파를수록 단기필립스곡선은 가파르다.

19 거시 – 임금의 경직성 정답 ②

출제 포인트 중첩임금계약모형. 장기임금계약모형은 명목임금의 경직성을 설명하는 이론이다.

정답
효율성임금은 실질임금 한 단위당 근로의욕이 최대가 되는 임금으로 노동시장 균형임금보다 높게 결정되기에 근로자의 생산성 또는 근로의욕에 영향을 미치고 근로자의 도덕적해이를 억제하는데 기여한다.

오답피하기
① 중첩임금계약모형은 기업들의 임금조정이 시차를 두고 이루어지면 명목임금이 점진적으로 조정되기에 경제전체적으로 명목임금이 경직적이 된다는 것으로 실질임금의 경직성이 아니라 명목임금의 경직성을 설명하는 이론이다.
③ 역선택이 아닌 도덕적 해이를 억제하는데 기여한다.
④ 내부자(숙련공 등)는 임금협상력을 갖고 있기에 임금소득극대화를 추구하면 임금이 균형임금보다 높은 수준으로 결정된다는 것이 내부자 – 외부자 이론으로 시장의 균형임금보다 높은 임금이 결정되면 기업의 노동자본 비용이 증가하여 외부자(실직자 등)는 계속 실업상태에 놓이게 되는 비자발적 실업이 발생한다.

20 거시 – 학파별 비교 정답 ③

출제 포인트 케인즈학파는 수요측면을 중시하고 단기분석에 집중하여 정부개입을 주장한다.

정답
재정정책과 통화정책의 장단점을 잘 활용하여 적절히 혼합해 사용하는 것을 정책혼합(Policy Mix)이라 한다.

오답피하기
① 케인즈 경제학자들은 경제가 유동성 함정에 화폐수요의 이자율 탄력성이 무한대로 수평선이기에 통화정책은 효과가 없고, 구축효과가 발생하지 않기에 재정정책의 효과가 극대화된다고 주장했다.
② 케인즈학파 경제학자들은 화폐수요의 이자율탄력성이 크기에 재정정책이 통화정책보다 효과적이라고 보는 반면, 통화주의학파는 화폐수요의 이자율탄력성이 작기에 통화정책이 재정정책보다 효과적이라고 주장한다.
④ 고전학파는 확장통화정책을 실시하면 LM곡선이 우측 이동하여 AD곡선이 우측 이동하나, 이로 인해 물가가 상승하고 물가 상승으로 인해 LM곡선이 좌측으로 이동하기에 본래 위치로 돌아온다고 주장하였다. 즉, 통화량변화에도 명목변수만 영향을 줄 뿐 실질변수는 불변인 화폐의 중립성을 주장하였다.

21 거시 – 피구효과 정답 ④

출제 포인트 물가하락이 화폐구매력증가를 가져와 실질부증가에 의한 소비증가를 초래하여 총수요(국민소득)를 증가시키는데, 이를 실질잔고효과, 피구효과 또는 부의 효과라 한다.

정답
고전학파는 유동성함정에 빠져있더라도 통화량이 증가하면 민간의 실질소득이 증가하는 부의 효과에 의해 민간 소비가 증가하고 이로 인해 IS곡선이 우측 이동하여 궁극적으로 국민소득의 증가를 가져오는 효과가 있다고 주장하였다.

오답피하기
① 유동성함정하 화폐수용의 이자율 탄력성은 무한대이고 이로 인해 LM곡선은 수평선이다.
② 케인즈학파의 유동성함정에 대한 반론으로서 고전학파는 부의 효과를 주장하였다.
③ 유동성함정하 화폐수용의 이자율 탄력성은 무한대이고 이로 인해 LM곡선은 수평선이다.

22 거시 – 경제성장모형 정답 ④

출제 포인트 생산물시장의 균형은 총수요($C + I + G$)와 총공급(Y)이 일치하는 점에서 결정된다.

정답
기술진보로 생산함수의 상방이동과 저축함수의 상방이동이 이루어지면 정상상태에서의 노동 1단위당 자본량은 증가한다.

오답피하기
① 정상상태(stationary state 또는 steady state)에서의 노동 1단위당 자본량은 저축률인 s가 증가하면 일시적으로 증가하나 새로운 정상상태에 도달하면 변하지 않는다.
② 정상상태에서의 노동 1단위당 자본량은 인구증가율인 n이 증가하면 감소한다.
③ 정상상태에서의 노동 1단위당 자본량은 감가상각률인 δ가 증가하면 감소한다.

23 국제 – 이자율 평가설 정답 ①

출제 포인트 금융시장에서 일물일가의 법칙을 전제로, 국가 간 완전자본이동이 보장될 때 국내투자수익률과 해외투자수익률이 동일해야 한다는 것이 이자율 평가설로, 환율변화율 = 국내이자율 − 해외이자율이다. 또한 해외투자의 예상수익률 = 해외이자율 + 환율의 예상상승률이다.

정답
'해외투자수익률 = 해외이자율 + 환율상승률'이고 $i > i^f$일 때 예상 명목환율 변화가 0보다 크면 환율이 상승할 것으로 예상되기에 해외투자수익률이 국내투자수익률보다 높아져 해외자본 유출이 발생한다.

오답피하기
② 예상 환율 s^e_{t+1}가 주어져 있을 때 이자율이 상승하면 국내투자수익률이 높아져 자본이 유입되기에 현재 환율은 하락한다.
③ 해외투자자가 국내에 투자할 때의 수익률은 국내이자율에서 환율상승률을 차감한 값이기에 해외투자자가 국내에 투자할 때의 수익률은 $i - \dfrac{\Delta s^e}{s}$이다.

④ 이자율 평가설에 의하면 $i = \dfrac{\Delta s^e}{s} + i^f$에서 $i > i^f$일 때 국내이자율이 해외이자율보다 높다면 두 나라의 이자율 차이만큼 환율이 상승해야 두 나라에서의 투자수익률이 같아지기에 $\dfrac{\Delta s^e}{s} > 0$으로 환율이 상승할 것으로 예측된다. 따라서 국내 화폐의 가치는 미래에 하락할 것으로 예측된다.

24　국제 - 국제수지　　　정답 ④

(출제 포인트) '$X - M =$ 순수출 = 순자본유출'이다. 즉, 수출을 통해 얻은 1달러로 미국의 주식 등을 구입한다면 순자본유출이 발생한다. 따라서 순수출 1달러는 순자본유출 1달러로 전환된다.

(정답)
ㄴ. 국민저축이 국내투자보다 작으면, 즉 $Y - T - C + T - G < I$이면, $X - M < 0$이다. 따라서 경상수지는 적자이다.
ㄷ. 순자본유출이 정(+)이면 순수출, 즉 경상수지는 흑자이다.

(오답피하기)
ㄱ. 국민소득이 국내총지출보다 크면, 즉 $Y > C + I + G$이면, $X - M > 0$이다. 따라서 경상수지는 흑자이다.

25　국제 - 양적완화정책　　　정답 ①

(출제 포인트) 외국의 확대재정정책으로 해외 이자율이 상승하면 자본유출이 이루어지고, 외국의 확대금융정책으로 해외 이자율이 하락하면 자본유입이 이루어진다.

(정답)
미국이 양적완화정책을 축소하면 미국의 이자율상승에 따른 자본의 유출로 인해 환율이 상승하기에 수출재의 가격이 하락하여 우리나라의 대미 수출이 증가할 수 있다.

(오답피하기)
② 중앙은행의 외환 매각으로 통화량이 감소하면 이자율이 상승하여 국내경기가 위축될 수 있다.
③ 미국의 양적완화정책이 축소되면 미국의 통화량이 감소하기에 이자율이 상승한다. 미국의 이자율이 상승하면 국내에서 미국으로의 자본이 유출되고 이에 따라 국내의 환율이 급격한 상승압박을 받게 되기에 중앙은행은 보유한 외화를 매각하여 환율을 안정시키고자 한다. 이때, 중앙은행이 외화를 매각하면 통화량이 감소하기에 국내 통화정책의 안정성에 기여한다고 보기 어렵다.
④ 미국의 양적완화정책의 축소로 인해 미국이자율이 상승하면 외국인들은 국내시장에서 주식을 매각하여 이를 미국에 투자할 것이기에 국내주가가 하락할 수 있다.

제5회 합격모의고사(수리형)

❍ 셀프 체크

권장 풀이 시간	25분(OMR 표기 시간 포함)
실제 풀이 시간	___시 ___분~시 ___분
맞힌 답의 개수	___개 / 25개

제5회 합격모의고사(수리형)
모바일 자동 채점 + 성적 분석 서비스
바로 가기(gosi.Hackers.com)

QR코드를 이용하여 해커스공무원의
'모바일 자동 채점 + 성적 분석 서비스'로 바로 접속하세요!
* 해커스공무원 사이트의 가입자에 한해 이용 가능합니다.

❍ 정답

1	②	6	③	11	④	16	③	21	④
2	④	7	④	12	④	17	②	22	②
3	①	8	①	13	④	18	④	23	③
4	①	9	①	14	③	19	③	24	②
5	②	10	①	15	④	20	②	25	①

❍ 취약 단원 분석표

단원	미시	거시	국제
맞힌 답의 개수	/ 12개	/ 9개	/ 4개

---

1 미시 - 탄력도 정답 ②

출제 포인트 X재 공급의 가격탄력도는 $\dfrac{dQx}{dPx} \cdot \dfrac{Px}{Qx}$이다.

정답
- 시장수요함수 $P_X = 20 - 3D_X$와 시장공급함수 $P_X = 2 + S_X^2$에서 균형수급량과 균형가격은 다음과 같다.
- D_X와 S_X를 Q_X로 두면, $20 - 3Q_X = 2 + A_X^2$, $Q_X^2 + 3Q_X - 18 = 0$, $(Q_X - 3)(Q_X + 6) = 0$에서 $Q_X = 3$이고, 이를 수요곡선 혹은 공급곡선에 대입하면 $P_X = 11$이다.
- 시장공급함수 $P_X = 2 + Q_X^2$에서 $\dfrac{dP_X}{dQ_X} = 2Q_X$이다.
- 따라서 공급의 가격탄력성은 $\dfrac{dQ_X}{dP_X} \times \dfrac{P_X}{Q_X} = \dfrac{1}{2Q_X} \times \dfrac{11}{3} = \dfrac{1}{6} \times \dfrac{11}{3} = \dfrac{11}{18}$이다.

2 미시 - 효용극대화 정답 ④

출제 포인트 소비자균형은 무차별곡선과 예산선이 접하는 점에서 이루어진다.

정답
- 노동자의 효용함수가 $u(l, f) = l^2 f$이므로 한계대체율 $MRS_{lf} = \dfrac{MU_l}{MU_f} = \dfrac{2lf}{l^2} = 2fl$이다.
- 시간당 임금이 w, 노동시간이 $L = 24 - l$일 때, 노동자의 노동소득은 $w(24 - l)$이다. 소득이 모두 식료품 구입(f)에 사용되고 소비재의 가격이 Pf일 때, 노동자의 예산선은 $P_f \cdot f = w(24 - l)$이다. 즉, $f = \dfrac{w}{P_f}(24 - l)$이다. 따라서 예산선의 기울기(절댓값)는 $\dfrac{w}{P_f}$이다.
- 소비자균형에서 $\dfrac{2f}{l} = \dfrac{w}{P_f}$, 즉 $f = \dfrac{wl}{2P_f}$이다. 이를 예산선에 대입하면 $\dfrac{wl}{2P_f} = \dfrac{w}{P_f}(24 - l)$, $l = 48 - 2l$, $l = 16$이다.

3 미시 - 손익분기점과 조업중단점 정답 ①

출제 포인트 AC곡선의 최저점은 $MC = AC$로 초과이윤도 없고 손실도 없는 손익분기점이고, AVC곡선의 최저점은 $MC = AVC$로 생산하는 것과 생산을 하지 않는 것이 동일한 생산중단점이다.

- 손익분기점은 $MC = AC$이므로 $3X^2 - 12X + 10 = X^2 - 6X + 10 + \frac{32}{X}$에서 $X^3 - 3X^2 - 16 = 0$이다. 따라서 $X = 4$이다. $X = 4$를 MC에 대입하여 $3 \times 4^2 - 12 \times 4 + 10 = 10$이 손익분기가격이다.
- 조업중단점은 $MC = AVC$이므로 $3X^2 - 12X + 10 = X^2 - 6X + 10$에서 $2X^2 - 6X = 0$이다. X는 0이 아니기에 $X = 3$이다. $X = 3$을 MC에 대입하여 $3 \times 3^2 - 12 \times 3 + 10 = 1$이 조업중단가격이다.

4 　미시 - 꾸르노 균형　정답 ①

출제 포인트 동일 제품을 생산하는 복점기업 1과 2의 이윤을 극대화하는 균형생산량은 $MR_1 = MC_1$, $MR_1 = MC_1$에서 달성된다.

정답

- $\pi_1 = P_1 \times Q_1 - c_1 \times Q_1$
  $= (a - Q_1 - Q_2)Q_1 - c_1 Q_1$
  $= (a - c_1)Q_1 - Q_1^2 - Q_1 Q_2$
- $\frac{d\pi_1}{dQ_1} = (a - c_1) - 2Q_1 - Q_2 = 0$, $Q_1 = \frac{(a - c_1)}{2} - \frac{Q_2}{2}$
- $\pi_2 = P_2 \times Q_2 - c_2 \times Q_2$
  $= (a - Q_1 - Q_2)Q_2 - c_2 Q_2$
  $= (a - c_2)Q_2 - Q_2^2 - Q_1 Q_2$
- $\frac{d\pi_2}{dQ_2} = (a - c_2) - 2Q_2 - Q_1 = 0$, $Q_2 = \frac{(a - c_2)}{2} - \frac{Q_1}{2}$
- $Q_1 = \frac{(a + c_2 - 2c_1)}{3}$, $Q_2 = \frac{(a + c_1 - 2c_2)}{3}$

5 　미시 - 애킨슨지수　정답 ②

출제 포인트 현재의 평균소득(Y)에서 균등분배대등소득(Y_e)을 차감한 값을 현재의 평균소득으로 나눈 값이 애킨슨지수로 $1 - \frac{Y_e}{Y}$로 계산할 수 있다.

정답

효용을 소득으로 가정하면 현재의 평균소득은 1과 9의 평균인 5이다. 현재와 동일한 사회후생을 얻을 수 있는 완전히 균등한 소득분배상태에서의 평균소득인 균등분배대등소득은 평등주의함수에서는 1과 9의 곱의 제곱근인 3이다. 따라서 애킨슨지수는 $1 - \frac{Y_e}{Y}$

$= 1 - \frac{3}{5} = 0.4$이다.

6 　미시 - 효용극대화　정답 ③

출제 포인트 효용함수가 $u = x_1 x_2$이기에 두 재화의 수요함수는 각각 $x_1 = \frac{M}{2p_1}$, $x_2 = \frac{M}{2p_2}$이다.

- $x_1 = \frac{M}{2p_1}$, $x_2 = \frac{M}{2p_2}$이기에, 효용함수에 대입하면 $U = \frac{M^2}{4p_1 p_2}$이다.
- $(p_1, p_2) = (1, 1)$, $M = 100$을 대입하면 A지역에 근무할 때의 효용은 $U = \frac{100 \times 100}{4 \times 1 \times 1} = 2,500$이다.
- B지역에 근무할 때의 효용이 $2,500$이 되는 M값을 구하기 위해 $(p_1, p_2) = (1, 4)$, $U = 2,500$을 대입하면 $U = \frac{M^2}{4 \times 1 \times 4} = 2,500$에서 $M = 200$이다.

7 　미시 - 정보의 비대칭성　정답 ④

출제 포인트 중고차의 성능에 관한 정보를 매도자는 알고 있지만 구매자는 알지 못하기에 중고차 시장에서 정보의 비대칭성이 존재한다.

정답

- 중고차 시장에 좋은 차와 나쁜차가 모두 100대씩 있는 경우 구매자의 임의의 차에 대해 지불할 용의가 있는 금액은 $0.5 \times 650 + 0.5 \times 450 = 550$만 원이다.
- 좋은 차를 가진 판매자는 최소한 600만 원 이상 받으려 하기에, 구매자가 임의의 차에 대해 550만 원을 지불하고자 하면 좋은 차는 모두 중고차 시장에서 사라지게 될 것이다.
- 결국 중고차 시장에는 성능이 나쁜 차 100대만 남게 된다. 그러므로 균형가격은 400만 원과 450만 원 사이에서 결정될 것이고, 균형거래량은 100대가 된다.

8 　미시 - 장기균형　정답 ①

출제 포인트 완전경쟁시장하, 개별기업은 '장기균형가격 = 장기평균비용의 최소점'에서 장기균형을 달성한다.

정답

$AC(q_i) = 40 - 6q_i + 13q_i^2$은 $qi = 9$에서 장기평균비용의 최소점은 13이다. 따라서 장기균형가격은 13이다. 스마트폰에 대한 시장수요 $Q^d = 2,200 - 100P$에서 $P = 13$이기에 $Q^d = 900$이다. 장기에서 각 기업의 생산량이 9이고 시장수요량이 900이기에 장기균형에서 기업의 수는 100개이다.

9 　미시 - 위험프리미엄　정답 ①

출제 포인트 불확실한 자산을 확실한 자산으로 교환하기 위하여 지불할 용의가 있는 금액을 위험프리미엄이라 한다.

정답

기대소비 $= \frac{1}{2} \times 100 + \frac{1}{2} \times 900 = 500$, 기대효용 $= \frac{1}{2} \times \sqrt{100} + \frac{1}{2} \times \sqrt{900} = 20$이다. $U = \sqrt{C}$에서 C가 400일 때도 U는 20이 된다. 확실성 등가가 400원이므로 소비의 평균값을 항상 소비하지 못해 발생하는 후생비용, 즉 위험프리미엄은 100원임을 알 수 있다.

---

10 미시 – 두기간모형   정답 ①

(출제 포인트) 레온티에프형 효용함수인 $U = \min[c_1, c_2]$에서 c_1과 c_2가 같을 때 효용극대화가 이루어진다.

(정답)

- $U = \min[c_1, c_2]$에서 c_1과 c_2가 같을 때 효용극대화가 이루어기에 $c_1 = c_2$이다.

- c_1을 1기의 소비, c_2를 2기의 소비, 1기의 소득은 210만 원, 2기의 소득은 0원이며, 각 기의 소비재 가격은 1원으로 동일하고, 1기의 이자율이 10%일 때, 예산선은 다음과 같다.

- $Y_1 + \dfrac{Y_2}{1+r} = c_1 + \dfrac{c_2}{1+r}$

  $\rightarrow 210 + 0 = c_1 + \dfrac{c_2}{1+0.1}$

  $\rightarrow 210 \times 1.1 = 1.1c_1 + c_2$

- $c_1 = c_2$와 $210 \times 1.1 = 1.1c_1 + c_2$에서 $c_1 = 110$이다.

- 즉, 소비자 A는 현재소득 210만 원 중 110만 원을 소비하고, 100만 원을 저축할 것이다.

11 미시 – 파레토 효율성   정답 ④

(출제 포인트) 소비 측면은 두 무차별곡선이 접하는 $MRS_{XY}^A = MRS_{XY}^B$에서 파레토효율성이 충족된다.

(정답)

- 갑의 효용함수 $U(X, Y) = X^2 Y^2$에서 $MRS_{XY}^{갑} = \dfrac{2XY^2}{2X^2Y} = \dfrac{Y}{X}$ 이다.

- 을의 효용함수 $U(X, Y) = X^{\frac{1}{2}} Y^{\frac{1}{2}}$ 에서 $MRS_{XY}^{을} = \dfrac{\frac{1}{2}X^{-\frac{1}{2}}Y^{\frac{1}{2}}}{\frac{1}{2}X^{\frac{1}{2}}Y^{-\frac{1}{2}}} = \dfrac{Y}{X}$ 이다.

- 두 사람의 X재와 Y재의 소비량 비율이 동일하면 두 사람의 한계대체율이 일치하여 소비의 파레토 효율성이 충족된다. 따라서 갑이 (9, 9)이고 을이 (1, 1)이면 한계대체율이 일치한다.

12 미시 – 외부효과   정답 ④

(출제 포인트) 소비 측면은 두 무차별곡선이 접하는 $MRS_{XY}^A = MRS_{XY}^B$에서 파레토효율성이 충족된다.

(정답)

- 갑의 효용함수 $U(X, Y) = X^2 Y^2$에서 $MRS_{XY}^{갑} = \dfrac{2XY^2}{2X^2Y} = \dfrac{Y}{X}$ 이다.

- 을의 효용함수 $U(X, Y) = X^{\frac{1}{2}} Y^{\frac{1}{2}}$ 에서 $MRS_{XY}^{을} = \dfrac{\frac{1}{2}X^{-\frac{1}{2}}Y^{\frac{1}{2}}}{\frac{1}{2}X^{\frac{1}{2}}Y^{-\frac{1}{2}}} = \dfrac{Y}{X}$ 이다.

- 두 사람의 X재와 Y재의 소비량 비율이 동일하면 두 사람의 한계대체율이 일치하여 소비의 파레토 효율성이 충족된다. 따라서 갑이 (9, 9)이고 을이 (1, 1)이면 한계대체율이 일치한다.

13 국제 – Y=C+I+GX+X-M   정답 ④

(출제 포인트) $Y = C + I + G + X - M$에서 $Y - C - G = I + X - M$이고, $Y - T - C$(민간저축) $+ T - G$(정부저축) $= I + X - M$, 즉, $S_P + S_G = I + X - M$이다. 따라서 $X - M = S_P + S_G - I = S_N - I$이다.

(정답)

- 민간저축이 400억 달러나 총저축은 330억 달러이기에 정부저축 $T - G = -70$억 달러이다.

- 조세수입 T가 50억 달러로 $T - G = -70$억 달러에서 정부지출은 120억 달러이다.

- 순해외자산이 50억 달러 감소하였다면 경상수지가 적자로 $X - M = -50$억 달러이다.

- $S_P + S_G = I + X - M$에서 총저축이 330억 달러이고 경상수지는 -50억 달러이기에 총투자는 $330 + 50 = 380$억 달러이다. 민간 소비지출은 800억 달러이다.

- 따라서 $Y = C + I + G + X - M = 800 + 380 + 120 - 50 = 1{,}250$억 달러이다.

14 거시 – 솔로우모형   정답 ③

(출제 포인트) '1인당 경제성장률 = 경제성장률 - 인구증가율'에서 '경제성장률 = 1인당 경제성장률 + 인구증가율'이다.

(정답)

- A국의 생산함수는 $Y = 10\sqrt{LK}$으로 1인당 생산량은 $\dfrac{Y}{L} = \dfrac{10\sqrt{LK}}{L}$

  $= \dfrac{10\sqrt{LK}}{\sqrt{L^2}} = \dfrac{10\sqrt{LK}}{\sqrt{L}} = 10\sqrt{k}$이다.

- 1인당 실제투자액[$sf(k)$]과 1인당 필요투자액(nk)의 차이가 1인당 자본의 변화분이다. 이때 $f(k)$는 1인당 생산함수로 $10\sqrt{k}$이다.

- 2020년의 A국의 1인당 자본량이 $k = 100$일 때, 1인당 자본의 변화분은 $[sf(k)] - [(n)k] = 0.3 \times 10\sqrt{100} - (0.09) \times 100 = 21$이기에, 2021년의 1인당 자본량은 $100 + 21 = 121$이다.

- 2020년의 A국의 1인당 자본량이 $k = 100$일 때, 1인당 생산량은 $10\sqrt{k} = 100$이고, 2021년의 1인당 자본량이 $k = 121$일 때, 1인당 생산량은 $10\sqrt{k} = 110$이다.

- 결국, 1인당 경제성장률은 10%이다. 인구증가율이 9%로 경제성장률은 $10 + 9 = 19\%$이다.

15 거시 – 본원통화와 통화량   정답 ④

(출제 포인트) '본원통화 = 현금통화 + 지급준비금', '통화량 = 현금통화 + 예금통화'이다.

(정답)

- 실제지급준비율 = 법정지급준비율(18%) + 초과지급준비율(2%) = 20%

- 실제지급준비율(20%) = [지급준비금(200만 원)/예금통화] × 100에서 예금통화 = 1,000만 원이다.

- 현금통화비율(0.2) = (현금통화/통화량) × 100 = [현금통화/(현금통화 + 예금통화)] × 100]에서 예금통화가 1,000만 원일 때, 현금통화는 250만 원이다.

- 통화량 = 현금통화(250만 원) + 예금통화(1,000만 원) = 1,250만 원이다.
- 본원통화 = 현금통화(250만 원) + 지급준비금(200만 원) = 450만 원이다.

16 거시 – 거시경제모형 정답 ③

(출제 포인트) 총수요와 총소득이 일치하는 점에서 균형국민소득이 결정되기에, $Y = C$(민간소비지출) + I(민간총투자) + G(정부지출) + $X - M$(순수출)에서, c는 한계소비성향, t는 세율, i는 유발투자계수, m은 한계수입성향일 때,
$Y = \dfrac{1}{1-c(1-t)-i+m}(C_0 - cT_0 + I_0 + G_0 + X_0 - M_0)$이고, 정부지출승수는 $\dfrac{1}{1-c(1-t)-i+m}$이다.

(정답)
$Y = \dfrac{1}{1-c(1-t)-i+m}(C_0 - cT_0 + I_0 + G_0 + X_0 - M_0)$에서,
$c = 0.8$, 정액세로 $t = 0$, 독립적 투자지출로 $i = 0$, $m = 0.05$이기에,
$Y = \dfrac{1}{1-0.8+0.05}(50 - 0.8 \times 200 + 100 + 200 + 140 - 40) = $ 1,160조 원이다. 완전고용 국민소득수준이 1,300조 원으로 140조 원이 부족하고 정부지출승수가 $Y = \dfrac{1}{1-0.8+0.05} = 4$이기에, 정부지출의 증가분은 35조 원이다.

17 거시 – AD곡선 정답 ②

(출제 포인트) 생산물시장과 화폐시장 등 수요측면을 고려한, $IS - LM$곡선으로부터 물가와 국민소득 간 우하향 형태의 AD곡선이 도출된다.

(정답)
- 산출물시장의 균형조건 $Y = C + I$에서 IS곡선은 $Y + 20r = 300$이다.
- 화폐시장의 균형조건 $L = \dfrac{M}{P}$에서 LM곡선은 $0.3Y + (150 - 10r) = \dfrac{800}{P}$, 즉, $3Y - 100r = \dfrac{8,000}{P} - 1,500$이다.
- IS곡선에서 r을 구해 LM곡선에 대입하면 $P = \dfrac{1,000}{Y}$으로 이것이 AD곡선이 된다.

18 거시 – 피셔 방정식 정답 ④

(출제 포인트) 실질이자율에 기대인플레이션율을 더한 값이 명목이자율이라는 것이 피셔의 방정식이다.

(정답)
2010년 초에 1년짜리 예금에 가입할 당시의 예상실질이자율은 2010년의 연초 명목이자율(6%)에서 2010년 초의 기대인플레이션율을 뺀 값이다. 2010년 초의 기대인플레이션율은 전년도의 물가상승률과 같기에 2%이다. 따라서 2010년 초 예상실질이자율은 $6 - 2 = 4\%$이다.

19 거시 – 총공급곡선 정답 ③

(출제 포인트) 노동시장의 균형은 $(VMP_L)MP_L \times P = W$이다.

(정답)
- 생산함수가 $Y = L^{\frac{1}{2}}K^{\frac{1}{2}} + 2,000$이고 자본투입량($K$)이 100일 때, 생산함수는 $Y = 10\sqrt{L} + 2,000$이다. W가 1이고, MP_L은 생산함수 $Y = 10\sqrt{L} + 2,000$을 미분한 $MP_L = \dfrac{5}{\sqrt{L}}$이다. L은 $MP_L \times P = W$에서 $\dfrac{5}{\sqrt{L}} \times P = 1$을 통해 $L = 25P^2$이다. 이를 생산함수 $Y = 10\sqrt{L} + 2,000$에 대입하면 $Y = 50P + 2,000$의 AS곡선을 구할 수 있다.
- 또는 노동수요함수를 생산함수에 대입하면 $Y = 50(\dfrac{P}{W}) + 2,000$이고 명목임금이 1로 경직적이므로 AS곡선식은 $Y = 50P + 2,000$이다.

20 거시 – 투자 정답 ②

(출제 포인트) 자본의 한계생산물가치(VMP_K)와 자본의 사용자비용 $[(r+d)P_K]$이 일치하는 수준에서 적정자본량이 결정되고 투자가 이루어진다는 이론이 신고전학파이론이다.

(정답)
사용자 비용 = $(r+d)P_K$에 따라,
- 실질이자율 = 명목이자율 − 인플레이션율 = $15 - 5 = 10$
- $(r+d)P_K$에서 $r = 10\%$, $d = 5\%$, $P_K = 10,000$원으로
- 사용자 비용 = $(r+d)P_K = (0.1 + 0.05) \times 10,000$에서 $= 1,500$

21 거시 – 성장회계 정답 ④

(출제 포인트) 총생산함수 $Y = AL^{\alpha}K^{1-\alpha}$에서 L의 지수 값인 α는 노동소득분배율이다.

(정답)
ㄱ, ㄴ. 총생산함수 $Y = AL^{\frac{2}{3}}K^{\frac{1}{3}}$는 1차 동차함수이기에 규모에 대한 수익불변이고, L의 지수 값이 $\dfrac{2}{3}$이기에 노동소득분배율이 $\dfrac{2}{3}$이다.

ㄷ. $\frac{\Delta Y}{Y} = \frac{\Delta A}{A} + \frac{2}{3} \times \frac{\Delta L}{L} + \frac{1}{3} \times \frac{\Delta K}{K}$ 에서 노동과 자본투입량이 모두 3% 증가하면 생산량이 3% 증가하고, 총요소생산성이 3% 증가해도 생산량이 3% 증가하기에 L, K, A가 모두 3% 증가하면 생산량이 6% 증가한다. 그러므로 경제성장률은 6%이다.

22　거시 - 순수출승수　정답 ②

(출제 포인트) 순수출승수는 $\frac{dY}{dNX} = \frac{1}{1 - c(1 - t)}$ 이다.

(정답)
• 한계소비성향이 0.8이고 비례세의 세율 $t = 0.25$이므로 순수출승수 $\frac{dY}{dNX} = \frac{1}{1 - c(1 - t)} = \frac{1}{1 - 0.8(1 - 0.25)} = 2.5$ 이다. 승수가 2.5이므로 순수출이 100만큼 증가하면 국민소득이 250만큼 증가한다.
• 소비함수가 $C = 10 + 0.8(Y - T) = 10 + 0.8(Y - 5 - 0.25Y)$ $= 6 + 0.6Y$이므로 국민소득이 250만큼 증가하면 소비는 150($= 0.6 \times 250$)만큼 증가한다.

23　국제 - 환율　정답 ③

(출제 포인트) 5달러를 원화로 환전하면 5,500원이기에 명목환율은 1달러 = 1,100원이다.

(정답)
ㄱ. 5달러를 원화로 환전한 5,500원을 들고 미국과 똑같은 빅맥 1개를 구입하고도 1,100원이 남았다면 한국의 빅맥 가격은 4,400원이다. 따라서 명목환율은 1달러 = 1,100원이기에 한국의 빅맥 가격을 달러로 환산하면 4달러이다.
ㄹ. 미국에서 빅맥이 5달러이고, 한국에서 4,400원이기에 빅맥 가격을 기준으로 한 구매력평가환율, 즉 명목환율은 1달러 = 880원이다. 즉, 빅맥 가격을 기준으로 볼 때 명목환율은 1달러 = 880원이다. 그런데 현재의 명목환율은 1달러 = 1,100원이기에 원화의 구매력을 과소평가하고 있는 상태이다.

(오답피하기)
ㄴ, ㄷ. 구매력평가설에 의하면 원화의 대미 달러 환율은 명목환율로 880원이다.

24　국제 - 교역조건　정답 ②

(출제 포인트) 양국의 국내상대가격비, 즉 기회비용 사잇값에서 양국이 이득을 볼 수 있는 교역조건이 성립한다.

(정답)
• A국 생산가능곡선은 $X = 2 - 0.2Y$로 $Y = 10 - 5X$이다. 따라서 기울기 5는 A국의 X재 1개 생산의 기회비용(Y재 5개)이다.
• B국 생산가능곡선은 $X = 2 - 0.05Y$로 $Y = 40 - 20X$이다. 따라서 기울기 20은 B국의 X재 1개 생산의 기회비용(Y재 20개)이다.

• 결국, 양국이 이득을 볼 수 있는 교역조건은 Y재 5개 < X재 1개 < Y재 20개이다. X재 1개와 Y재 11개를 거래하면 양국이 이득을 볼 수 있다.

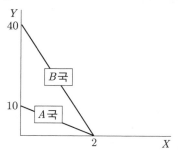

Y재 5 < X재 1 < Y재 20

25　국제 - 개방　정답 ①

(출제 포인트) 균형가격보다 국제가격이 높다면 수출국이다.

(정답)
$Q_X^D = 500 - P_X$, $Q_X^S = -100 + P_X$에서 균형가격은 300이다. 국제가격이 400으로 A국은 수출을 하게 된다. 400일 때 공급량은 300이고 수요량은 100이기에 초과공급인 200만큼을 수출하게 된다. 따라서 $200 \times (400 - 300) \times \frac{1}{2} = 10,000$만큼의 사회적 잉여의 증가를 초래한다.

제1회 ~ 제5회 합격모의고사
공무원 공개경쟁채용 필기시험

제1과목	경제학	제2과목	
제3과목		제4과목	

응시번호		성 명	

〈응시자 준수사항〉

1. 답안지의 모든 기재 및 표기사항은 반드시 『컴퓨터용 흑색사인펜』으로만 작성하여야 합니다. (사인펜에 "컴퓨터용"으로 표시되어 있음) (사인펜 본인 지참)

   * 매년 지정된 펜을 사용하지 않아 답안지가 무효처리 되는 상황이 빈발하고 있으므로, 답안지는 반드시 『컴퓨터용 흑색사인펜』으로만 표기하시기 바랍니다.

2. 답안은 매 문항마다 반드시 하나의 답만 골라 그 숫자에 "●"로 표기해야 하며, 표기한 내용은 수정테이프를 이용하여 정정할 수 있습니다. 단, 시험시행본부에서 수정테이프를 제공하지 않습니다.

   (표기한 부분을 긁는 경우 오답처리 될 수 있으며, 수정스티커 또는 수정액은 사용 불가)

   * 답안지는 훼손·오염되거나 구겨지지 않도록 주의해야 하며, 특히 답안지 상단의 타이밍마크(▎▎▎▎▎)를 절대로 훼손해서는 안 됩니다.

3. 각 시험지 마지막 장의 QR코드를 이용하여 해커스공무원의 '모바일 자동 채점 + 성적 분석 서비스'에 접속하시기 바랍니다. (해커스공무원 사이트의 가입자에 한해 이용 가능함)

   * QR코드는 해설집에서도 확인 가능합니다.

🏛 해커스공무원

경 제 학
제1회 합격모의고사(통합형)

응시번호 :   성명 :

1. A은행의 T – 계정은 다음과 같다.

자산		부채	
지급준비금	1,000억 원	예금	4,000억 원
대출	3,000억 원		

예금에 대한 법정지급준비율이 10%이고, A은행을 제외한 다른 은행들은 초과 지급준비금을 보유하지 않는다. A은행이 지급준비금을 법정지급준비금 수준까지 줄인다면 최대로 가능한 통화량 증가액은? (단, 민간의 현금보유비율은 0이다)

① 600억 원

② 1,000억 원

③ 4,000억 원

④ 6,000억 원

2. 생산함수가 $Q = 2L + 3K$일 때 노동과 자본 간의 대체탄력성 (elasticity of substitution)은? (단, Q, L, K는 각각 생산량, 노동 투입량, 자본 투입량, $Q > 0$, $L > 0$, $K > 0$이다)

① 0

② 1

③ $\frac{2}{3}$

④ 무한대(∞)

3. 일부 사람들이 실업급여를 계속 받기 위해 채용될 가능성이 매우 낮은 곳에서만 일자리를 탐색하며 실업상태를 유지하고 있다. 다음 중 이러한 사람들이 실업자가 아니라 일할 의사가 없다는 이유로 비경제활동인구로 분류될 때 나타나는 현상으로 옳은 것은?

① 실업률과 경제활동참가율 모두 높아진다.

② 실업률과 경제활동참가율 모두 낮아진다.

③ 실업률은 낮아지는 반면, 경제활동참가율은 높아진다.

④ 실업률은 높아지는 반면, 경제활동참가율은 낮아진다.

4. 완전경쟁시장에서 물품세가 부과될 때 시장에서 나타나는 현상들에 대한 설명으로 옳지 않은 것은?

① 물품세 부과에 따라 감소하는 사회후생의 크기는 세율에 비례하여 증가한다.

② 수요곡선이 수평선으로 주어져있는 경우 물품세의 조세부담은 모두 공급자에게 귀착된다.

③ 소비자에게 귀착되는 물품세 부담의 크기는 공급의 가격탄력성이 클수록 증가한다.

④ 소비자와 공급자에게 귀착되는 물품세의 부담은 물품세가 소비자와 공급자 중 누구에게 부과되는가와 상관없이 결정된다.

5. 절약의 역설(paradox of thrift)에 대한 설명 중 옳은 것은?

① 경기침체가 심한 상황에서는 절약의 역설이 발생하지 않는다.

② 투자가 이자율 변동의 영향을 적게 받을수록 절약의 역설이 발생할 가능성이 크다.

③ 고전학파 경제학에서 주장하는 내용이다.

④ 임금이 경직적이면 절약의 역설이 발생하지 않는다.

6. 아래의 폐쇄경제모형에서 균형국민소득은?

> - $C = 100 + 0.8(Y-T)$
> - $G = 200$
> - $M^d = M^s$
> - $M^s = 1,000$
> - $I = 150 - 600r$
> - $T = 0.5Y$
> - $\dfrac{M^d}{P} = 2Y - 8,000(r + \pi^e)$
> - $P = 1$, $\pi^e = 0$
>
> (단, Y: 소득, C: 소비, I: 투자, r: 실질이자율, T: 세입, G: 정부지출, P: 물가, π^e: 기대물가상승률, M^d: 명목화폐수요, M^s: 명목화폐공급이다)

① 600
② 700
③ 800
④ 900

7. 한 독점기업이 Y재를 공장 1, 2에서 생산한다. 두 공장의 비용함수는 $c_1(y_1) + 5y_1^2 + 50$, $c_2(y_2) + 5y_2^2 + 10$이다. 이 기업이 최소의 비용으로 Y재 60단위를 생산한다면 공장 1의 생산량은? (단, y_1는 공장 i상의 Y재 생산량이고, $i = 1$, 2이다)

① 50
② 40
③ 30
④ 20

8. 자본이동이 완전히 자유롭고 변동환율제도를 채택한 소규모 개방경제의 $IS-LM-BP$모형을 고려할 때, 다음 중 국민소득을 증가시키는 것은? (단, IS곡선은 우하향하고 LM곡선은 우상향한다)

① 직불카드 도입에 따른 화폐수요의 감소
② 통화공급의 감소
③ 한계소득세율의 증가
④ 정부 이전지출의 증가

9. 어떤 기업의 생산함수가 $Q = 40L^{0.5}K^{0.5}$으로 주어졌으며, 노동의 가격은 4, 그리고 자본의 가격은 6으로 주어졌다고 한다. 이 기업의 확장경로는?

① $K = \dfrac{1}{3}L$
② $K = \dfrac{2}{3}L$
③ $K = L$
④ $K = \dfrac{4}{3}L$

10. 숙련노동(L_1)과 비숙련노동(L_2)만을 생산요소로 사용하는 어떤 기업의 생산함수가 $q = \min\{3L_1, 2L_2\}$라고 할 때, 다음 설명 중 옳은 것은?

① 숙련노동의 한계생산은 항상 0보다 크다.
② 숙련노동과 비숙련노동은 대체성이 강한 생산요소이다.
③ 장기평균비용곡선은 수평선이다.
④ 비숙련노동에 대한 임금이 상승하면 숙련노동에 대한 고용이 증가한다.

11. 솔로우(Solow)모형에서 생산함수는 $Y = K^{0.5}(E \times L)^{0.5}$이다($K$는 자본, L은 노동, E는 노동의 효율성, Y는 생산량). 이 경제에서 저축률은 20%, 노동증가율은 5%, 노동효율성 증가율은 5%, 감가상각률은 10%일 때, 현재 균제상태(steady state)에 있는 이 경제에 대한 설명으로 옳은 것은?

① 이 경제는 황금률(golden rule) 자본수준에 있다.

② 황금률 자본수준으로 가기 위해서는 저축률을 높여야한다.

③ 황금률 자본수준으로 가기 위해서는 현재 효율노동 단위당 소비를 증가시켜야 한다.

④ 황금률 자본수준에 도달하면 효율노동 단위당 소비가 현재 균제상태보다 낮아진다.

12. 효용함수가 $U = X^{\alpha}Y^{\beta}$(α, β: 양의 정수)일 때 X재와 Y재의 가격이 같은 경우 효용극대화수준에서 X재의 지출금액에 대한 Y재의 지출금액 비율은?

① $\dfrac{\alpha}{\beta}$

② $\dfrac{\alpha + \beta}{\beta}$

③ $\dfrac{\beta}{\alpha}$

④ $\dfrac{\alpha + \beta}{\beta}$

13. 한 나라의 소득분포가 제1오분위 8%, 제2오분위 12%, 제3오분위 15%, 제4오분위 25%, 제5오분위 40%로 주어졌을 때 십분위분배율은?

① 0.25

② 0.30

③ 0.50

④ 1.00

14. 현재의 균형국민소득은 완전고용국민소득보다 1,750억 원이 작다. 조세와 국제무역이 존재하지 않는 가장 단순한 모형에서 한계소비성향이 0.8이라면 완전고용국민소득을 달성하기 위하여 증가시켜야 하는 정부지출액은?

① 150억 원

② 250억 원

③ 350억 원

④ 450억 원

15. 재정정책에 대한 설명으로 옳지 않은 것은?

① 경제가 유동성 함정에 빠진 경우 확장적 재정정책의 구축효과는 없다.

② 최적조세와 같은 재정정책에서도 경제정책의 동태적 비일관성 문제가 발생할 수 있다.

③ 재정의 자동안정화장치가 강화되면 승수효과는 작아진다.

④ 재정의 자동안정화장치는 정책의 외부시차가 없어 경기안정화효과가 즉각적이다.

16. 다음과 같이 주어진 정보에 따를 때 A, B, C 세 사람이 공동으로 소비하는 공공재 X의 사회적으로 최적인 산출수준은?

> - $Q_A = -2P + 24$
> - $Q_B = -3P + 51$
> - $Q_C = -P + 34$
> - 공공재 X를 생산하는 데 드는 한계비용은 30
>
> (단, Q_A, Q_B, Q_C는 각각 A, B, C의 공공재 X에 대한 수요량을 의미하며, P는 공공재 X의 가격을 의미한다)

① 9
② 14
③ 18
④ 23

17. 자본이동이 완전히 자유로우며 자유변동환율제도를 채택하고 있는 소규모 개방경제가 국공채를 매입하였다고 할 때, $IS - LM - BP$모형에 따른 설명으로 옳지 않은 것은? (단, IS곡선은 우하향하며, LM곡선은 우상향한다)

① LM곡선이 우측으로 이동한다.
② IS곡선은 우측으로 이동한다.
③ 자본이동이 불가능한 경우에 비해 소득 증가 폭이 작다.
④ 새로운 균형에서 순수출은 증가한다.

18. 甲과 乙국의 무역 개시 이전의 X재와 Y재에 대한 단위당 생산비가 다음과 같다. 무역을 개시하여 두 나라 모두 이익을 얻을 수 있는 교역조건(P_X/P_Y)에 해당하는 것은? (단, P_X는 X재의 가격이고, P_Y는 Y재의 가격이다)

구분	X재	Y재
甲국	5	10
乙국	8	13

① 0.45
② 0.55
③ 0.65
④ 0.75

19. 폐쇄경제인 A국에서 화폐수량설과 피셔방정식(Fisher equation)이 성립한다. 화폐유통속도가 일정하고, 실질경제성장률이 2%, 명목이자율이 5%, 실질이자율이 3%인 경우 통화증가율은?

① 1%
② 2%
③ 3%
④ 4%

20. 컴퓨터에 대한 수요의 가격탄력성이 1.0이고, 수요의 소득탄력성은 1.5이다. 소득수준이 10% 하락할 경우, 이전과 동일한 컴퓨터 소비수준을 유지시키기 위해서는 컴퓨터의 가격을 얼마나 인하하여야 하는가? (단, 컴퓨터는 정상재이며, 다른 조건은 일정하다고 가정한다)

① 15%
② 20%
③ 25%
④ 30%

21. 내생적 성장이론에 대한 다음 설명 중 가장 옳지 않은 것은?

   ① $R\&D$모형에서 기술진보는 지식의 축적을 의미하며, 지식은 비경합성과 배제가능성을 갖는다고 본다.
   ② $R\&D$모형과 솔로우(Solow)모형은 한계수확체감의 법칙과 경제성장의 원동력으로서의 기술진보를 인정한다는 점에서는 동일하다.
   ③ AK모형에서 인적자본은 경합성과 배제가능성을 모두 가지고 있다.
   ④ AK모형과 솔로우(Solow)모형에서의 저축률 변화는 균제상태에서 수준효과뿐만 아니라 성장효과도 갖게 된다는 점에서 동일하다.

22. 국제수지가 흑자일 경우, 이로 인해 통화량이 증가하고 인플레이션이 우려될 때 중앙은행이 외화자산 증가액과 동일한 액수의 통화를 공개시장조작을 통해 환수하는 정책과 관련이 있는 것은?

   ① 재정정책
   ② 불태화 정책
   ③ 정부지출 감소
   ④ 국제수지 조정정책

23. 어느 경제의 화폐수요함수가 다음과 같다.

$$\frac{M^d}{P} = \frac{Y}{4i}$$

(단, M^d: 명목화폐수요, P: 물가수준, Y: 총생산, i: 명목이자율이다)

이 경제의 화폐유통속도는?

   ① i
   ② $4i$
   ③ $\frac{1}{4i}$
   ④ $\frac{1}{4}$

24. 고전학파와 케인즈학파에 관한 다음 설명 중 옳은 것만을 모두 고르면?

   ㄱ. 케인즈학파는 동일한 규모라면 정부지출 확대가 조세 감면보다 총수요 증대효과가 크다고 보았다.
   ㄴ. 고전학파는 정부의 확장적 재정정책이 민간투자를 감소시킬 수 있다고 보았다.
   ㄷ. 고전학파는 재량적인 총수요 관리정책이 경기안정화에 효과적이라고 보았다.
   ㄹ. 케인즈학파는 수요측 요인보다는 공급측 요인에 의해 경기변동이 발생한다고 보았다.

   ① ㄱ, ㄴ
   ② ㄱ, ㄷ
   ③ ㄷ, ㄹ
   ④ ㄱ, ㄴ, ㄹ

25. 다음 게임에서 완전균형은? (단, 앞은 신규기업, 뒤는 기존기업의 전략이다)

   잠재적 진입기업 A는 기존기업 B가 독점하고 있는 시장으로 진입할지 여부를 고려하고 있다. A가 진입하지 않으면 A와 B의 보수는 각각 0과 2이다. A가 진입을 하면 B는 반격을 하거나 공생을 할 수 있다. B가 반격을 할 경우 A와 B의 보수는 각각 -1과 0이다. 반면 공생을 할 경우 두 기업이 시장을 나눠 가져 각각 1의 보수를 얻는다.

   ① (진입포기, 공생)
   ② (진입포기, 반격)
   ③ (진입, 공생)
   ④ (진입, 반격)

모바일 자동 채점 + 성적 분석 서비스 바로 가기
QR코드를 이용해 모바일로 간편하게 채점하고 나의 실력이 어느 정도인지, 취약 부분이 어디인지 바로 파악해 보세요!

경 제 학
제2회 합격모의고사(통합형)

응시번호 :   성명 :

1. 수요의 가격탄력성을 증가시키는 요인으로 옳지 않은 것은?

   ① 밀접한 대체재가 많이 존재할수록 수요의 가격탄력성이 증가한다.
   ② 소비자가 꼭 필요하다고 생각할수록 수요의 가격탄력성이 증가한다.
   ③ 재화를 좁게 정의할수록 수요의 가격탄력성이 증가한다.
   ④ 시간을 길게 잡을수록 수요의 가격탄력성이 증가한다.

2. 어떤 경제를 다음과 같은 필립스(Phillips) 모형으로 표현할 수 있다고 할 때, 다음 설명 중 옳은 것은?

   - $\pi_t = \pi_t^e - \alpha(u_t - \overline{u})$
   - $\pi_t^e = 0.7\pi_{t-1} + 0.2\pi_{t-2} + 0.1\pi_{t-3}$
   (단, π_t는 t기의 인플레이션율, π_t^e는 t기의 기대 인플레이션율, α는 양의 상수, u_t는 t기의 실업률, $\overline{u}$는 자연실업률이다)

   ① 적응적 기대를 가정하고, α값이 클수록 희생률이 커진다.
   ② 적응적 기대를 가정하고, α값이 클수록 희생률이 작아진다.
   ③ 합리적 기대를 가정하고, α값이 클수록 희생률이 커진다.
   ④ 합리적 기대를 가정하고, α값이 클수록 희생률이 작아진다.

3. 대체탄력성에 대한 다음 설명 중 잘못된 것은?

   ① 요소가격비가 요소집약도에 미치는 영향의 정도를 나타낸다.
   ② 등량곡선의 곡률이 클수록 대체탄력성은 작다.
   ③ 콥－더글라스 생산함수의 대체탄력성은 1이다.
   ④ 레온티에프 생산함수의 대체탄력성은 무한대이다.

4. A국은 노동과 자본만을 사용하여 노동집약재와 자본집약재를 생산하며 자본에 비해 상대적으로 노동이 풍부한 나라다. 스톨퍼－사무엘슨 정리를 따를 때, 밑줄 친 ㉠ 과 ㉡에 대한 내용으로 옳은 것은?

   > A국에서 자본집약재인 Y재 수입에 관세를 부과하면 노동자는 ___㉠___ 해지고, 자본가는 ___㉡___ 해진다.

	㉠	㉡
①	유리	유리
②	유리	불리
③	불리	불리
④	불리	유리

5. 실물경기변동이론(real business cycle theory)에 관한 설명으로 옳은 것은?

   ① 상품가격은 완전 신축적이지만 임금은 경직적이다.
   ② 불경기에도 가계는 효용을 극대화한다.
   ③ 총수요 충격이 경기변동의 원인이다.
   ④ 일부 시장은 불완전한 경쟁구조이다.

6. A국은 자본이동 및 무역거래가 완전히 자유로운 소규모 개방경제이다. A국의 재정정책과 통화정책에 따른 최종 균형에 관한 설명으로 옳은 것은? (단, 물가는 고정되어 있다고 가정하고 $IS-LM-BP$ 모형에 의한다)

① 고정환율제에서 확장적 재정정책과 확장적 통화정책 모두 국민소득을 증대시키는 효과가 있다.

② 고정환율제에서 확장적 재정정책은 국민소득을 증대시키는 효과가 있지만, 확장적 통화정책은 효과가 없다.

③ 변동환율제에서 확장적 재정정책은 국민소득을 증대시키는 효과가 있지만, 확장적 통화정책은 효과가 없다.

④ 변동환율제에서 확장적 재정정책과 확장적 통화정책 모두 국민소득을 증대시키는 효과가 없다.

7. 생산요소시장이 완전경쟁시장일 때, 생산함수 $F(L, K) = AK^{\alpha}L^{1-\alpha}$에 관한 설명으로 옳은 것은? (단, $0 < \alpha < 1$, K: 자본, L: 노동, A: 생산기술이다)

① 1인당 자본재가 두 배가 되면 1인당 생산량도 두 배가 된다.

② 자본 및 노동에 대한 대가는 각각의 평균 생산성에 의해 결정된다.

③ 자본소득분배율은 α, 노동소득분배율은 $1-\alpha$이다.

④ 한계생산이 체감하기 때문에 자본과 노동을 모두 두 배로 증가시키면 생산 증가는 두 배에 미치지 못한다.

8. $IS-LM$ 모형에서 IS곡선에 관한 설명으로 옳지 않은 것은?

① 저축과 투자를 일치시켜 주는 이자율과 소득의 조합이다.

② 정부지출이 외생적으로 증가하면 IS곡선이 오른쪽으로 이동한다.

③ 투자가 금리에 민감할수록 IS곡선 기울기의 절댓값은 작아진다.

④ 투자가 케인즈의 주장대로 동물적 본능(animal spirit)에 의해서만 이루어진다면 IS곡선은 수평이 된다.

9. X재에 대하여 종량세가 부과될 때 사회적 후생손실이 가장 커지는 경우는?

① 수요와 공급이 모두 탄력적일 때

② 수요와 공급이 모두 비탄력적일 때

③ 수요는 탄력적이고, 공급이 비탄력적일 때

④ 수요는 비탄력적이고, 공급이 탄력적일 때

10. 밀의 수요곡선과 공급곡선이 아래 그림에서 각각 D와 S라고 하자. 만약 빵을 만드는 과정에서 빵의 생산단가가 낮아지는 기술이 도입되었다면, 밀 시장의 새로운 균형점으로 가장 적당한 것은? (단, 최초 균형점은 a이다)

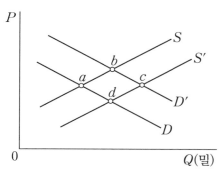

① a

② b

③ c

④ d

11. 케인즈의 단순폐쇄경제모형에서 가처분소득의 함수인 민간소비는 가처분소득이 0일 때 160, 한계소비성향이 a, 독립투자가 400, 정부지출이 200, 조세는 정액세만 존재하고 정부재정은 균형상태라고 가정할 때 균형국민소득이 1,600이라면 a는?

① 0.2
② 0.4
③ 0.6
④ 0.8

12. 총수요곡선(AD) − 총공급곡선(AS) 모형에 관한 설명으로 옳은 것을 모두 고르면?

> ㄱ. 총공급곡선은 단기에서는 수직이며 장기에서는 수평이다.
> ㄴ. 물가가 상승하면 실질통화량이 감소하여 총수요량이 감소한다.
> ㄷ. 총수요곡선은 개별 재화시장의 수요곡선을 수평으로 합한 것이다.

① ㄱ
② ㄴ
③ ㄱ, ㄷ
④ ㄴ, ㄷ

13. 완전경쟁시장의 장기균형에 관한 설명으로 옳은 것은?

① 균형가격은 개별 기업의 한계수입보다 크다.
② 개별 기업의 한계수입은 평균총비용보다 크다.
③ 개별 기업의 한계비용은 평균총비용보다 작다.
④ 개별 기업은 장기평균비용의 최저점에서 생산한다.

14. 효용을 극대화하는 甲은 1기의 소비(c_1)와 2기의 소비(c_2)로 구성된 효용함수 $U(c_1, c_2) = c_1 c_2^2$을 가지고 있다. 甲은 시점 간 선택(intertemporal choice) 모형에서 1기에 3,000만 원, 2기에 3,300만 원의 소득을 얻고, 이자율 10%로 저축하거나 빌릴 수 있다. 1기의 최적 선택에 관한 설명으로 옳은 것은? (단, 인플레이션은 고려하지 않는다)

① 1,000만 원을 저축할 것이다.
② 1,000만 원을 빌릴 것이다.
③ 저축하지도 빌리지도 않을 것이다.
④ 1,400만 원을 저축할 것이다.

15. 인플레이션에 관한 설명으로 옳은 것은?

① 피셔가설은 '명목이자율 = 실질이자율 + 물가상승률'이라는 명제로서 예상된 인플레이션이 금융거래에 미리 반영됨을 의미한다.
② 새케인즈학파에 의하면 예상된 인플레이션의 경우에는 어떤 형태의 사회적 비용도 발생하지 않는다.
③ 실제 물가상승률이 예상된 물가상승률보다 더 큰 경우, 채권자는 이득을 보고 채무자는 손해를 본다.
④ 실제 물가상승률이 예상된 물가상승률보다 더 큰 경우, 고정된 명목임금을 받는 노동자와 기업 사이의 관계에서 노동자는 이득을 보고 기업은 손해를 보게 된다.

16. 상품수요가 $Q_d = 5,000 - 2P$이다. $P = 2,000$에서 수요의 가격탄력성과 소비자의 지출액은?

	수요의 가격탄력성	소비자의 지출액
①	0.25	2,000
②	0.25	2,000,000
③	1	1,000,000
④	4	2,000,000

17. 통화량 목표제와 이자율 목표제에 대한 설명으로 옳은 것은?

① 화폐수요함수가 명목국민소득만의 함수라면 이자율 조절이 용이해진다.

② 화폐수요가 이자율에 민감할수록 통화량 조절을 통한 경기 안정화 정책의 유효성이 커진다.

③ 중앙은행은 기준금리를 통해 장기 실질이자율을 통제할 수 있다.

④ 화폐수요함수가 외부충격으로 변동하면 통화량과 이자율 목표를 동시에 달성하기 어렵다.

18. 다음은 A국가의 경제를 나타낸다. 총생산 갭을 제거하기 위해 정부지출을 얼마나 변화시켜야 하는가?

- $C = 3,000 + 0.5(Y - T)$
- $I = 1,500$
- $G = 2,500$
- $NX = 200$
- $T = 2,000$
- $Y^* = 12,000$

(단, C는 소비, Y는 소득, T는 조세, I는 투자, G는 정부지출, NX는 순수출, Y^*는 잠재생산량이다)

① 200 증가
② 400 증가
③ 200 감소
④ 400 감소

19. 두 운전자 A, B가 서로 마주보고 운전하다가 한쪽이 충돌을 회피하면 지는 치킨게임을 고려하자. 이 게임의 보수 행렬이 아래와 같을 때 내쉬균형은 몇 개인가? [단, 행렬에서 보수는 (A의 보수, B의 보수)로 표시한다]

구분		B	
		회피	직진
A	회피	(10, 10)	(5, 20)
	직진	(20, 5)	(0, 0)

① 0
② 1
③ 2
④ 4

20. A국은 기준금리를 유지하였는데 B국은 기준금리를 인상하였을 때, A국 경제에 미치는 단기적 영향 중 가장 적절하지 않은 것은? (단, A국 경제는 자본이동이 자유롭고 변동환율제도를 채택하고 있다)

① 고용의 감소
② 자본 유출 발생
③ 무역수지의 개선
④ 자본수지의 악화

21. 헥셔 – 올린(Heckscher–Ohlin) 모형과 관련된 다음 설명 중 옳지 않은 것은?

① 2국가 – 2재화 – 2요소 모형으로 나타낼 수 있다.

② 레온티에프(W. Leontief)의 역설은 자본이 상대적으로 풍부한 나라인 미국이 노동집약적인 제품을 수출하고 자본집약적인 제품을 수입하는 현상을 일컫는다.

③ 각국은 상대적으로 풍부한 생산요소를 많이 사용하여 생산하는 제품에 비교우위가 있다.

④ 국가 간 생산함수에 차이가 있다고 가정한다.

22. 화폐수량방정식은 $M \times V = P \times Y$이다(M은 통화량, V는 화폐유통속도, P는 산출물의 가격, Y는 산출량이고, 화폐유통속도는 일정하다). 甲국의 화폐유통속도가 乙국의 화폐유통속도보다 크고 양국의 중앙은행이 각각 통화량을 5% 증가시켰다. 이때 화폐수량설에 따른 추론으로 옳은 것은? (단, 甲국과 乙국에서 화폐수량설이 독립적으로 성립한다)

① 물가상승률은 甲국이 乙국보다 높다.

② 물가상승률은 乙국이 甲국보다 높다.

③ 甲국과 乙국의 산출량은 각각 5% 증가한다.

④ 甲국과 乙국의 명목산출량은 각각 5% 증가한다.

23. 다음 글에 대한 설명으로 옳은 것은?

> 甲과 乙은 X재와 Y재만을 소비한다. X재의 가격은 10, Y재의 가격은 20이다. 현재 소비점에서 X재, Y재 소비의 한계효용은 각각 다음과 같다. (단, 한계효용은 체감한다)
>
> | 구분 | X재 소비의 한계효용 | Y재 소비의 한계효용 |
> |---|---|---|
> | 甲 | 10 | 5 |
> | 乙 | 3 | 6 |

① 甲은 X재 소비를 줄이고 Y재 소비를 늘려 효용을 증가시킬 수 있다.

② 甲은 X재 소비를 늘리고 Y재 소비를 줄여 효용을 증가시킬 수 있다.

③ 乙은 X재 소비를 줄이고 Y재 소비를 늘려 효용을 증가시킬 수 있다.

④ 乙은 X재 소비를 늘리고 Y재 소비를 줄여 효용을 증가시킬 수 있다.

24. $Q(K, L) = \sqrt{3KL}$로 표시되는 어떤 재화의 생산함수를 가정하자. 요소가격이 일정할 때 이 생산함수에 대한 설명으로 옳지 않은 것은? (단, Q는 생산량, K는 자본투입량, L은 노동투입량이다)

① 수확체감의 법칙(law of diminishing returns)이 성립한다.

② 규모수익체감(decreasing returns to scale) 현상이 발생한다.

③ 한계기술대체율체감의 법칙(law of diminishing MRTS)이 적용된다.

④ 이 생산함수의 단기한계비용(SMC)곡선은 우상향한다.

25. 다음 글에서 계산된 실질환율은 얼마인가?

> 외국과 국내에서 컴퓨터가 재화와 서비스의 평균적인 가격을 대표한다. 컴퓨터의 국내가격은 192만 원이고 외국에서의 가격은 800달러이다. 명목환율은 1달러에 1,200원이다.(실질환율은 평균적인 외국의 재화와 서비스로 표시한 평균적인 국내재화와 서비스의 상대적 가격이다)

① 1

② 2

③ $\frac{1}{2}$

④ $\frac{1}{4}$

모바일 자동 채점 + 성적 분석 서비스 바로 가기
QR코드를 이용해 모바일로 간편하게 채점하고 나의 실력이 어느 정도인지, 취약 부분이 어디인지 바로 파악해 보세요!

응시번호 :   성명 :

1. 생산물시장에서 독점기업인 A는 노동시장에서 수요독점자이다. 노동공급곡선은 $w = 100 + 5L$, 근로자를 추가로 고용할 때 A기업이 얻는 노동의 한계수입생산물은 $MRP_L = 300 - 10L$이다. 이때 A기업이 이윤극대화를 위해 근로자에게 지급하는 임금은? (단, w는 임금, L은 고용량이다)

   ① 100
   ② 150
   ③ 200
   ④ 250

2. 어느 폐쇄경제의 거시경제 상황이 다음과 같다고 할 때 민간저축과 GDP의 크기를 옳게 짝지은 것은?

조세 = 5,000, 민간투자 = 11,000,
민간소비 = 50,000, 재정적자 = 1,000

	민간저축	GDP
①	10,000	54,000
②	10,000	58,000
③	12,000	67,000
④	12,000	72,000

3. 수요의 가격탄력성에 관한 설명으로 옳지 않은 것은? (단, Q는 수량, P는 가격이다)

   ① 상품 가격이 변화할 때 상품 수요가 얼마나 변하는가를 측정하는 척도이다.
   ② 수요곡선이 수직선이면 언제나 일정하다.
   ③ 수요곡선이 $Q = \dfrac{5}{P}$인 경우, 수요의 가격탄력성(절댓값)은 수요곡선상 모든 점에서 항상 1이다.
   ④ 정상재인 경우 수요의 가격탄력성이 1보다 클 때 가격이 하락하면 기업의 총수입은 증가한다.

4. 시장실패에 관한 설명으로 옳은 것은?

   ① 순수공공재는 배제성은 없으나 경합성은 있다.
   ② 상호 이익이 되는 거래를 방해할 경우 시장실패가 발생한다.
   ③ 긍정적 외부경제는 시장실패를 유발하지 않는다.
   ④ 완전경쟁시장은 자원배분의 효율성은 물론 분배의 공평성도 보장해주는 시장이다.

5. 한국은행의 통화정책 수단과 제도에 관한 설명으로 옳지 않은 것은?

   ① 국채 매입·매각을 통한 통화량 관리
   ② 금융통화위원회는 한국은행 통화정책에 관한 사항을 심의·의결
   ③ 재할인율 조정을 통한 통화량 관리
   ④ 고용증진 목표 달성을 위한 물가안정목표제 시행

6. 폐쇄경제에서 국내총생산이 소비, 투자, 그리고 정부지출의 합으로 정의된 항등식이 성립할 때, 국내총생산과 대부자금시장에 관한 설명으로 옳지 않은 것은?

① 총저축은 투자와 같다.
② 민간저축이 증가하면 투자가 증가한다.
③ 총저축은 민간저축과 정부저축의 합이다.
④ 민간저축이 증가하면 이자율이 하락하여 정부저축이 증가한다.

7. 리카디언 등가정리(Ricardian equivalence theorem)가 성립할 경우 옳은 설명을 모두 고른 것은?

ㄱ. 현재소비는 기대되는 미래소득과 현재소득을 모두 포함한 평생소득(lifetime income)에 의존한다.
ㄴ. 소비자는 현재 차입제약 상태에 있다.
ㄷ. 다른 조건이 일정할 때, 공채발행을 통한 조세삭감은 소비에 영향을 줄 수 없다.
ㄹ. 정부지출 확대정책은 어떠한 경우에도 경제에 영향을 줄 수 없다.

① ㄱ, ㄷ
② ㄱ, ㄹ
③ ㄴ, ㄷ
④ ㄱ, ㄷ, ㄹ

8. A국과 B국이 교역하는 헥셔–올린(Heckscher–Ohlin) 모형을 고려해보자. 양국은 자동차와 의류를 생산하며 두 재화에 대한 동일한 상대수요곡선을 갖고 있다. 양국의 요소부존량이 다음 표와 같이 주어져 있을 때 다음 설명 중 옳지 않은 것은? (단, 자동차는 자본집약적 재화이고 의류는 노동집약적 재화이다)

구분	A국	B국
노동	25	50
자본	30	55

① A국은 B국에 비해 자본이 상대적으로 풍부한 국가이다.
② B국은 의류생산에 비교우위를 갖는다.
③ 양국은 무역을 통하여 이익을 창출할 수 있다.
④ 무역을 하면 A국에서 노동의 자본에 대한 상대요소가격은 상승한다.

9. 유동성함정(liquidity trap)에 관한 설명으로 옳은 것을 모두 고른 것은?

ㄱ. IS곡선이 수직선이다.
ㄴ. LM곡선이 수평선이다.
ㄷ. 재정정책이 국민소득에 영향을 주지 않는다.
ㄹ. 화폐수요의 이자율 탄력성이 무한대일 때 나타난다.

① ㄱ, ㄷ
② ㄴ, ㄹ
③ ㄱ, ㄴ, ㄷ
④ ㄴ, ㄷ, ㄹ

10. 인플레이션의 자산분배효과를 잘 나타낸 것은?

① 화폐자산의 명목가치 하락, 실물자산의 명목가치 상승
② 화폐자산의 명목가치 상승, 실물자산의 실질가치 상승
③ 화폐자산의 명목가치 불변, 실물자산의 명목가치 상승
④ 화폐자산의 실질가치 하락, 실물자산의 실질가치 하락

11. 장기균형상태에서 인건비가 상승하였다면 그 효과로 옳은 것은?

① 기업의 생산량은 감소하고, 경제적 이윤은 감소한다.
② 기업의 생산량은 감소하고, 경제적 이윤은 증가한다.
③ 기업의 생산량은 증가하고, 경제적 이윤은 감소한다.
④ 기업의 생산량은 증가하나, 경제적 이윤은 불변이다.

12. 독점기업 甲의 시장수요함수는 $P = 1,200 - Q_D$이고, 총비용함수는 $C = Q^2$이다. 정부가 甲기업에게 제품 한 단위당 200원의 세금을 부과할 때, 甲기업의 이윤극대화 생산량은? (단, P는 가격, Q는 생산량, Q_D는 수요량이다)

① 200
② 250
③ 300
④ 350

13. 甲은행의 대차대조표는 요구불예금 5,000만 원, 지급준비금 1,000만 원, 대출금 4,000만 원으로만 구성되어 있다. 법정지급준비율이 5%라면 甲은행이 보유하고 있는 초과지급준비금은?

① 250만 원
② 500만 원
③ 600만 원
④ 750만 원

14. 다음은 어떤 독점기업의 $IS - LM$ 모형에서 균형국민소득을 가장 크게 증가시키는 정책조합으로 옳은 것은? (단, IS곡선은 우하향, LM곡선은 우상향하며, 해당 곡선들의 수평거리로 측정한 이동 폭은 모두 동일하다)

① 정부지출증가와 통화량감소
② 조세감소와 통화량증가
③ 정부지출감소와 통화량감소
④ 조세증가와 통화량증가

15. 독점시장에서 가격상한제를 실시할 때 독점기업의 생산량 변화로 옳은 것은? (단, 시장수요곡선은 우하향하며, 제도 시행 후에도 독점기업의 이윤은 0보다 크다)

① 생산량이 증가할 것이다.
② 생산량이 감소할 것이다.
③ 생산량이 변화하지 않을 것이다.
④ 생산량이 증가하다가 감소할 것이다.

16. 완전경쟁시장에서 생산량이 주어졌을 때 비용 최소화를 추구하는 기업이 노동 수요량을 감소시키는 경우는? (단, 노동과 자본의 한계생산은 모두 체감한다)

① 1원당 노동의 한계생산이 1원당 자본의 한계생산보다 클 경우

② 1원당 노동의 한계생산이 1원당 자본의 한계생산보다 작을 경우

③ 1원당 노동의 한계생산이 1원당 자본의 한계생산과 일치할 경우

④ 노동의 한계생산물가치가 명목임금보다 클 경우

17. 소규모 개방경제모형에서 수입관세 부과와 수출보조금 지원의 무역정책 효과에 관한 설명으로 옳지 않은 것은? (단, 수요곡선은 우하향, 공급곡선은 우상향한다)

① 수입관세 부과는 국내생산량을 증가시킨다.

② 수입관세 부과와 수출보조금 지원 모두 국내생산자잉여를 증가시킨다.

③ 수입관세 부과와 수출보조금 지원 모두 국내소비자잉여를 감소시킨다.

④ 수입관세 부과와 수출보조금 지원 모두 정부수입을 증가시킨다.

18. 재화의 가격 변화에 따른 수요량의 변화에 관한 설명으로 옳은 것은?

① 두 재화가 완전보완재일 때, 대체효과는 항상 0이다.

② 소득효과는 항상 양(+)의 값을 갖는다.

③ 가격효과는 항상 음(−)의 값을 갖는다.

④ 기펜재의 대체효과는 항상 양(+)의 값을 갖는다.

19. 현재 현물환율(E)이 1,000원/달러이고 선물환율(F)은 1,100원/달러, 한국의 이자율은 5%, 미국의 이자율은 3%라고 가정할 때 다음 글의 ㉠, ㉡에 들어갈 말로 적절한 것은? (단, 외환시장에는 이자재정거래자만이 존재하고 두 국가 간 자본 이동은 완전하다고 가정한다)

> 한국의 이자율이 ㉠하거나, 현물환율이 ㉡할 것이다.
> (단, ㉠이나 ㉡ 발생 시 다른 조건은 일정하다고 가정한다)

	㉠	㉡
①	상승	상승
②	상승	하락
③	하락	상승
④	하락	하락

20. 환율상승이 총수요곡선과 총공급곡선에 미치는 영향에 대한 설명으로 적절한 것은?

① 총수요곡선과 총공급곡선이 모두 왼쪽으로 이동한다.

② 총수요곡선과 총공급곡선이 모두 오른쪽으로 이동한다.

③ 총수요곡선은 오른쪽으로 이동하고, 총공급곡선은 왼쪽으로 이동한다.

④ 총수요곡선은 왼쪽으로 이동하고, 총공급곡선은 오른쪽으로 이동한다.

21. 다음 보수행렬을 갖는 용의자의 딜레마 게임에 대한 설명으로 옳지 않은 것은? (단, C와 D는 각 경기자의 전략이며, 괄호 안의 첫 번째 숫자는 경기자 1의 보수를, 두 번째 숫자는 경기자 2의 보수를 나타낸다)

		경기자 2	
		C	D
경기자 1	C	$(-5, -5)$	$(-1, -10)$
	D	$(-10, -1)$	$(-2, -2)$

① 모든 경기자에게 우월전략이 존재한다.
② 유일한 내쉬균형이 존재한다.
③ 합리성이 효율성을 보장하지 않는다.
④ 게임을 반복할 경우에도 균형은 달라지지 않는다.

22. 산업 내 무역과 산업 간 무역에 대한 설명 중 옳지 않은 것은?

① 국가 간 노동생산성의 차이는 산업 간 무역을 발생시킨다.
② 국가 간 생산요소 부존도의 차이는 산업 간 무역을 발생시킨다.
③ 제품의 차별화와 규모의 경제는 산업 내 무역을 발생시킨다.
④ 산업 간 무역과 달리 산업 내 무역은 무역의 이익을 발생시키지 않는다.

23. 길동이는 옥수수 한 개에서 얻는 한계효용이 감자 두 개에서 얻는 한계효용과 같다고 한다. 감자로 표시한 옥수수의 한계대체율은 얼마인가?

① $\frac{1}{4}$
② $\frac{1}{2}$
③ 1
④ 2

24. 독점기업의 수요함수는 $Q = 10 - P$이고, 한계비용은 0이다. 이 기업이 이윤극대화를 할 때 발생하는 자중손실(deadweight loss)의 크기는 얼마인가?

① 10
② 12.5
③ 20
④ 22.5

25. 미국의 명목이자율이 8%이고, 우리나라의 명목이자율이 12%라고 하며, 두 나라의 실질이자율은 동일하다고 한다. 두 나라의 실질환율이 일정하다고 할 때, 달러로 표시되는 원화의 가치는 어떻게 될 것으로 예상되는가?

① 8% 하락
② 4% 하락
③ 8% 상승
④ 4% 상승

모바일 자동 채점 + 성적 분석 서비스 바로 가기
QR코드를 이용해 모바일로 간편하게 채점하고 나의 실력이 어느 정도인지, 취약 부분이 어디인지 바로 파악해 보세요!

경 제 학

제4회 합격모의고사(서술형)

응시번호 :   성명 :

1. 단기 및 장기필립스곡선의 이동을 초래하는 요인으로 옳지 않은 것은?

   ① 자연실업률의 상승
   ② 수입원유가격의 하락
   ③ 정부지출의 증가
   ④ 예상인플레이션의 하락

2. 채식주의자인 A는 감자 섭취로는 효용이 증가하나 고기 섭취로는 효용이 감소한다. 가로축에 고기, 세로축에 감자를 표시한 평면에서 A의 무차별곡선은?

   ① 우하향한다.
   ② 수직이다.
   ③ 우상향한다.
   ④ 수평이다.

3. 과점모형에 대한 설명으로 옳은 것은?

   ① 베르뜨랑모형의 경우 각 기업은 초과이윤을 얻는다.
   ② 굴절수요곡선모형에서 각 기업은 경쟁기업의 가격조정에 민감하게 반응한다.
   ③ 꾸르노모형의 균형은 각 기업의 반응곡선이 교차하는 점에서 결정된다.
   ④ 베르뜨랑모형에서는 각 기업은 상대방 기업의 생산량이 주어진 것으로 보고 자신의 생산량을 결정한다.

4. 지난달에 맥주와 오징어의 가격이 모두 10원일 때 서연이는 맥주 10병과 오징어 5마리를 소비하였다. 이번 달에는 오징어의 가격은 변화가 없으나 맥주 가격이 5원으로 하락하였고, 소득도 50원 감소하였다. 아래의 설명 중 옳은 것을 모두 고르면?

   > ㄱ. 이번 달에 서연이의 맥주소비량이 지난달보다 감소한다면 서연이의 선호는 약공리에 위배된다.
   > ㄴ. 서연이의 이번 달 효용은 지난달보다 낮아질 수도 있다.
   > ㄷ. 오징어의 가격이 불변이므로 서연이의 이번 달 오징어 소비량은 지난달과 동일할 것이다.

   ① ㄱ
   ② ㄴ
   ③ ㄱ, ㄴ
   ④ ㄴ, ㄷ

5. 지원이는 고정된 소득으로 X재와 Y재만을 소비한다고 가정하자. Y재의 가격은 일정한데 X재의 가격이 하락함에 따라 소비균형점이 E_0에서 E_1으로 이동하였다. 이로부터 알 수 있는 것은?

   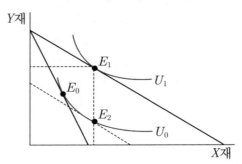

   ① X재는 열등재인 동시에 기펜(Giffen)재이다.
   ② X재의 보상수요곡선은 보통수요곡선보다 가파르다.
   ③ X재의 엥겔곡선은 우상향한다.
   ④ X재의 수요는 가격에 대해 비탄력적이다.

6. 가변생산요소가 하나인 기업의 단기비용곡선에 대한 설명으로 옳지 않은 것만을 모두 고른 것은? (단, 평균총비용곡선은 *U*자 모양, 고정비용 존재, 생산요소가격은 불변이다)

> ㄱ. 생산량이 증가함에 따라 한계비용이 증가할 때 한계생 산물이 체증한다.
> ㄴ. 평균가변비용곡선의 최저점은 평균총비용곡선의 최저 점보다 좌측에 위치한다.
> ㄷ. 한계비용이 평균총비용보다 작을 때 평균총비용이 상승 한다.
> ㄹ. 한계비용곡선은 평균총비용곡선의 최저점을 통과한다.
> ㅁ. 생산량이 증가함에 따라 평균고정비용이 증가한다.

① ㄱ, ㄴ, ㅁ
② ㄱ, ㄴ, ㄷ
③ ㄱ, ㄷ, ㅁ
④ ㄴ, ㄷ, ㄹ

7. 외부효과에 관한 설명으로 옳은 것은?

① 외부효과는 한 경제주체의 행위가 제3자의 경제적 후생에 영 향을 미치지만 그에 대한 보상이 이루어지지 않는 경우에 발 생한다.
② 부정적 외부효과가 있는 재화의 경우 시장 균형생산량은 사 회적 최적생산량보다 크다.
③ 부정적 외부효과가 있는 재화의 경우 내부화를 위해 정부가 보조금을 지급해야 한다.
④ 긍정적 외부효과의 경우 내부화를 위해 정부가 세금을 부과 해야 한다.

8. 독점기업의 가격전략에 관한 설명으로 옳지 않은 것만을 모두 고른 것은?

> ㄱ. 독점기업이 시장에서 한계수입보다 높은 수준으로 가격 을 책정하는 것은 가격차별 전략이다.
> ㄴ. 1급 가격차별의 경우 생산량은 완전경쟁시장보다 적다.
> ㄷ. 2급 가격차별은 소비자들의 구매수량과 같이 구매 특성 에 따라서 다른 가격을 책정하는 경우 발생한다.
> ㄹ. 3급 가격차별의 경우 재판매가 불가능해야 가격차별이 성립한다.
> ㅁ. 영화관 조조할인은 1급 가격차별의 사례이다.

① ㄱ, ㄴ, ㅁ
② ㄱ, ㄴ, ㄹ
③ ㄱ, ㄷ, ㅁ
④ ㄴ, ㄷ, ㅁ

9. 노동시장에서 쌍방독점이 존재할 때, 다음 중 옳지 않은 것만을 모두 고른 것은?

> ㄱ. 임금이 유일한 균형점에 의해 결정된다.
> ㄴ. 수요독점자는 한계요소비용곡선과 한계수입생산곡선이 일치하는 점에서 노동수요량을 결정하려고 한다.
> ㄷ. 노동공급자는 노동수요곡선에서 도출된 한계수입곡선 과 노동공급의 한계비용곡선이 일치하는 점에서 노동공 급량을 결정하려고 한다.
> ㄹ. 완전경쟁 노동시장에서 결정되는 임금보다 낮은 수준으 로 임금이 결정되면, 고용은 완전경쟁 노동시장의 고용 보다 증가한다.

① ㄱ, ㄴ
② ㄱ, ㄹ
③ ㄱ, ㄷ, ㄹ
④ ㄴ, ㄷ, ㄹ

10. 노동수요곡선에 대한 설명으로 옳은 것은?

① 생산물에 대한 수요가 증가하면 노동수요곡선이 우측으로 이동한다.
② 노동 1단위당 자본량이 증가하면 노동수요곡선이 좌측으로 이동한다.
③ 노동의 한계생산물이 빠르게 체감할수록 노동의 수요는 임 금탄력적이 된다.
④ 노동시장이 수요독점이면 수요독점기업의 노동수요곡선은 한계수입생산곡선이다.

11. 과점시장의 굴절수요곡선이론에 관한 설명으로 옳지 않은 것은?

① 한계수입곡선에는 불연속한 부분이 있다.
② 굴절수요곡선은 원점에 대해 볼록한 모양을 갖는다.
③ 한 기업이 가격을 내리면 나머지 기업들도 같이 내리려 한다.
④ 한 기업이 가격을 올리더라도 나머지 기업들은 따라서 올리려 하지 않는다.

12. 2기간을 사는 어떤 소비자의 효용함수가 $U = C_1^\alpha C_2^{1-\alpha}$로 주어진다고 하자. 한편 이 소비자의 1기 소득은 Y, 2기 소득은 0이며, 이자율은 r로 주어진다. 이 소비자의 효용극대화를 달성하는 소비 및 저축에 대한 설명으로 옳지 않은 것은? (단, C_1, C_2는 각각 1기 소비와 2기 소비를 나타내며, $0 < \alpha < 1$, $0 < r < 1$이다)

① 1기의 저축률은 $1 - \alpha$이다.
② 1기의 소비는 αY이다.
③ 2기의 소비는 $(1 - \alpha)Y$이다.
④ 2기 소비의 크기는 이자율과 비례한다.

13. 단기총공급곡선이 우상향하는 이유를 설명하는 이론으로 옳지 않은 것은?

① 상대가격 착각이론
② 화폐의 중립성이론
③ 임금의 경직성이론
④ 가격의 경직성이론

14. 리카르도 대등정리(Ricardian equivalence theorem)에 대한 설명으로 옳지 않은 것은?

① 국채는 자산이다.
② 소비자들은 합리적이며, 미래지향적이다.
③ 정부지출의 재원조달방법의 변화는 민간부문의 경제활동에 아무런 영향을 주지 못한다.
④ 경제활동인구의 증가율은 0%이다.

15. 성장모형에서 $\frac{v}{s} < n$(s: 한계저축성향, n: 인구증가율, v: 자본계수)와 같은 관계식이 성립한다면, 다음 중 옳은 것은?

① 이자율에 비해 임금이 싸므로 자본 – 노동비율이 증가한다.
② 이자율에 비해 임금이 비싸므로 자본 – 노동비율이 증가한다.
③ 이자율에 비해 임금이 싸므로 자본 – 노동비율이 감소한다.
④ 이자율에 비해 임금이 비싸므로 자본 – 노동비율이 감소한다.

16. 자연실업률에 관한 설명으로 가장 옳지 않은 것은?

① 인터넷의 발달은 자연실업률을 낮추는 역할을 한다.

② 최저임금제나 효율성임금, 노조 등은 마찰적 실업을 증가시켜 자연실업률을 높이는 요인으로 작용한다.

③ 새케인즈학파의 이력현상에 의하면 실제 실업률이 자연실업률을 초과하게 되면 자연실업률 수준도 높아지게 된다.

④ 일자리를 찾는 데 걸리는 시간 때문에 발생하는 실업은 자연실업률의 일부이다.

17. 화폐수요에 대한 설명으로 옳은 것은?

① 신화폐수량설에 따르면 화폐수요는 항상소득의 증가함수이다.

② 다른 조건이 일정할 때, 물가상승률이 3%이고 명목소득증가율이 10%이면 통화공급 증가율은 7%이다.

③ 프리드만(Friedman)은 화폐를 일종의 재고로 보고 화폐보유의 총비용이 극소화되도록 화폐수요의 크기를 결정한다고 보았다.

④ 토빈(Tobin)의 자산선택이론에 따르면, 소득효과가 대체효과보다 크기 때문에 투기적 동기의 화폐수요는 이자율의 감소함수이다.

18. 필립스(Phillips)곡선에 관한 설명으로 옳지 않은 것은?

① 필립스(A. W. Phillips)는 영국의 실업률과 명목임금상승률 간의 관계가 우하향으로 그래프로 보였다.

② 1970년대 석유파동 때 미국의 단기필립스곡선은 오른쪽으로 이동되었다.

③ 단기총공급곡선이 가파를수록 단기필립스곡선은 가파른 모양을 가진다.

④ 프리드먼(M. Friedman)과 펠프스(E. Phelps)에 따르면 실업률과 인플레이션 간에는 장기상충(trade-off)관계가 존재한다.

19. 임금 결정이론에 관한 설명으로 옳은 것은?

① 중첩임금계약(staggered wage contracts) 모형은 실질임금이 경직적인 이유를 설명한다.

② 효율임금(efficiency wage)이론에 따르면 실질임금이 근로자의 생산성 또는 근로의욕에 영향을 미친다.

③ 효율임금이론에 따르면 낮은 임금이 근로자의 도덕적 해이를 억제하는 데 기여한다.

④ 내부자 – 외부자 모형에 따르면 외부자의 실질임금이 시장균형보다 높아져서 비자발적 실업이 발생한다.

20. 통화정책과 재정정책에 관한 설명으로 옳은 것은?

① 전통적인 케인즈학파 경제학자들은 경제가 유동성 함정에 빠져 있을 경우에는 재정정책보다는 통화정책이 효과적이라고 주장했다.

② 전통적인 케인즈 경제학자들은 통화정책이 재정정책보다 더 효과적이라고 주장했다.

③ 재정정책과 통화정책을 적절히 혼합하여 사용하는 것을 정책혼합(policy mix)이라고 한다.

④ 화폐공급의 증가가 장기에서 실물변수만을 상승시킬 뿐 물가에는 아무런 영향을 미치지 못하는 현상을 화폐의 장기중립성이라고 한다.

21. 유동성함정과 부(wealth)의 효과에 관한 설명으로 옳은 것은?

① 유동성함정은 *LM*곡선의 수직구간에서 발생한다.

② 고전학파의 유동성함정에 대한 반론으로서 케인즈학파는 부의 효과를 주장하였다.

③ 유동성함정은 화폐수요의 이자율 탄력성이 영(0)일 때 발생한다.

④ 유동성함정에 빠진 경제라도 부의 효과가 존재한다면 확장적 통화정책은 국민소득을 증가시킨다.

22. 다음 설명하고 있는 모형을 통해서 경제성장을 분석한다고 할 때, 옳은 설명은?

> - 생산함수 $Y_t = A_t K_t^{0.5} L_t^{0.5}$(단, 아래첨자 t는 시간을 의미하고, Y_t는 t기에서의 생산량, A_t는 t기에서의 기술수준, K_t는 t기에서의 자본량, L_t는 t기에서의 노동량이다)이며, 기술수준은 $A_t = (1+a)^t A_0$에 의해서 결정되고, 노동량은 $L_t = (1+n)^t L_0$에 의해서 결정된다. (단, A_0는 초기 기술수준, L_0는 초기노동량, a는 기술증가율, n은 인구증가율이다)
> - 자본량은 t기에서의 투자 I_t와 감가상각율이 δ로 주어졌을 때 $K_{t+1} = (1-\delta)K_t + I_t$와 같이 결정된다. 그리고 매기마다 투자는 $I_t = sY_t$(단, s는 저축률이다)에 의해서 결정된다. t기에서 노동 1단위당 자본량은 K_t/L_t으로 정의된다.

① 정상상태(stationary state 또는 steady state)에서의 노동 1단위당 자본량은 s가 증가하면 지속적으로 증가할 수 있다.

② 정상상태에서의 노동 1단위당 자본량은 n의 변화와 무관하다.

③ 정상상태에서의 노동 1단위당 자본량은 δ가 증가하면 증가한다.

④ 정상상태에서의 노동 1단위당 자본량은 초기 기술수준인 A_0가 증가하면 증가한다.

23. 이자율 평형가설은 $i = \dfrac{\Delta s^e}{s} + i^f$이다. 이에 관한 설명으로 옳은 것은? (단, i는 국내 명목이자율, i^f는 해외 명목이자율, s는 명목환율, $\Delta s^e = s^e_{t+1} - s_t$는 예상 명목환율 변화이다)

① $i > i^f$이고 $\Delta s^e > 0$이면 해외자본 유출이 발생한다.

② 예상 환율 s^e_{t+1}가 주어져 있을 때 이자율과 현재 환율은 비례관계를 갖는다.

③ 해외 투자자가 국내에 투자할 때 수익률은 $(i - i^f) + \dfrac{\Delta s^e}{s}$이다.

④ $i > i^f$일 때 국내 화폐의 가치는 미래에 상승할 것으로 예측된다.

24. 변동환율제하에서의 국제수지표에 대한 설명으로 옳은 것만을 모두 고르면? (단, 국제수지표에서 본원소득수지, 이전소득수지, 오차와 누락은 모두 0과 같다)

> ㄱ. 국민소득이 국내총지출보다 크면 경상수지는 적자이다.
> ㄴ. 국민저축이 국내투자보다 작으면 경상수지는 적자이다.
> ㄷ. 순자본유출이 정(+)이면 경상수지는 흑자이다.

① ㄱ

② ㄴ

③ ㄱ, ㄷ

④ ㄴ, ㄷ

25. 미국의 양적완화정책의 축소가 우리나라 국내 경제에 미치는 효과는?

① 원화의 대달러 환율이 상승하여 우리나라의 대미 수출이 증가할 수 있다.

② 국내 이자율이 하락하여 국내 경기가 증진될 수 있다.

③ 우리나라의 외환보유고가 증가하여 국내 통화정책의 안정성에 기여할 수 있다.

④ 자본 유입이 발생하여 국내 주가가 상승할 수 있다.

모바일 자동 채점 + 성적 분석 서비스 바로 가기
QR코드를 이용해 모바일로 간편하게 채점하고 나의 실력이 어느 정도인지, 취약 부분이 어디인지 바로 파악해 보세요!

응시번호 :   성명 :

1. X재의 시장수요함수는 $P_X = 20 - 3D_X$이고 시장공급함수는 $P_X = 2 + S_X^2$이다. 균형에서 공급의 가격탄력성(점탄력성)은 얼마인가? (단, P_X는 X재의 가격, D_X는 X재의 수요량, S_X는 X재의 공급량이다)

① $\dfrac{1}{22}$

② $\dfrac{11}{18}$

③ $\dfrac{18}{11}$

④ $\dfrac{19}{3}$

2. 소비자가 하루 24시간을 여가(l)와 노동($L = 24 - l$)에 배분하는 경우를 상정하자. 소비자의 소득은 노동을 통해 얻는 노동소득뿐이라고 하자. 노동소득은 모두 식료품 구입에 충당된다. 여가(l)와 식료품(f)에 대한 소비자의 효용함수는 $u(l, f) = l^2 f$로 주어진다. 이 소비자의 효용극대화를 위한 여가시간은?

① 10

② 12

③ 14

④ 16

3. 완전경쟁시장에서 기업의 총비용곡선이 $C = X^3 - 6X^2 + 10X + 32$ (C: 비용, X: 생산량)인 경우 이 기업의 손익분기점과 조업중단점에서의 가격의 조합으로 옳은 것은?

	손익분기가격	조업중단가격
①	10	1
②	6	2
③	4	3
④	3	4

4. 어떤 복점시장의 수요함수와 두 기업의 비용함수가 아래와 같이 주어진다고 하자. 다음 중 이 시장에서 꾸르노 복점의 내쉬균형은?

- 수요함수 $P = a - Q$
- 기업 1의 비용함수 $C_1 = c_1 \times Q_1$
- 기업 2의 비용함수 $C_2 = c_2 \times Q_2$
- $Q_1 + Q_2 = Q$
- $c_1 < c_2$

(단, 여기서 P, Q_1, Q_2, C_1, C_2는 각각 가격, 기업 1의 생산량, 기업 2의 생산량, 기업 1의 생산비용, 기업 2의 생산비용을 나타내며, a, c_1, c_2는 각각 0보다 큰 상수이다)

① $Q_1 = \dfrac{(a + c_2 - 2c_1)}{3}$, $Q_2 = \dfrac{(a + c_1 - 2c_2)}{3}$

② $Q_1 = \dfrac{(a + 2c_2 - c_1)}{3}$, $Q_2 = \dfrac{(a + c_1 - 2c_2)}{3}$

③ $Q_1 = \dfrac{(a + c_2 - 2c_1)}{3}$, $Q_2 = \dfrac{(a + 2c_1 - c_2)}{3}$

④ $Q_1 = \dfrac{(a + 2c_2 - c_1)}{3}$, $Q_2 = \dfrac{(a + 2c_1 - c_2)}{3}$

5. K국은 A와 B의 두 사람으로 구성되어 있으며 사회후생함수는 $W = U^A \cdot U^B$이다. A의 효용이 1이고 B의 효용이 9라면 K국의 애킨슨지수는?

① 0

② 0.4

③ 0.8

④ 1

6. 기업 H에 근무하는 사원 Y는 근무 지역 A와 B를 비교하고자 한다. 두 재화 x_1, x_2를 소비하는 이 사원의 효용함수가 $u = x_1 x_2$이고, 지역 A에서 두 재화의 가격 $(p_{A1}, p_{A2}) = (1, 1)$, 지역 B에서 두 재화의 가격 $(p_{B1}, p_{B2}) = (1, 4)$이다. 이 사원이 지역 A에서 근무할 경우의 임금이 100일 때, 두 지역에서의 효용 수준이 동일하도록 지역 B에서 받아야 할 임금은?

① 120

② 160

③ 200

④ 240

7. 성능 좋은 중고차 100대와 성능 나쁜 중고차 100대를 팔려고 한다. 파는 사람은 좋은 차는 600만 원 이상, 나쁜 차는 400만 원 이상을 받으려고 한다. 중고차를 사려고 하는 사람 역시 200명인데, 이들은 좋은 차일 경우 650만 원 이하, 나쁜 차일 경우 450만 원 이하를 내려고 한다. 이때 팔려고 하는 사람은 차의 성능을 알지만, 사려고 하는 사람은 차의 성능을 모른다. 그러나 차의 성능을 제외한 모든 정보는 서로 공유하고 있다. 중고차 시장의 균형가격과 균형거래량에 대한 설명으로 옳은 것은?

① 균형가격은 600만 원과 650만 원 사이, 균형거래량은 200대이다.

② 균형가격은 600만 원과 650만 원 사이, 균형거래량은 100대이다.

③ 균형가격은 400만 원과 450만 원 사이, 균형거래량은 200대이다.

④ 균형가격은 400만 원과 450만 원 사이, 균형거래량은 100대이다.

8. 스마트폰 시장은 완전경쟁시장이며 각 생산업체의 장기평균비용함수는 $AC(q_i) = 40 - 6q_i + \frac{1}{3}q_i^2$으로 동일하다. 스마트폰에 대한 시장수요가 $Q^d = 2,200 - 100P$일 때, 장기균형에서의 기업의 수로 옳은 것은? (단, q_i는 개별기업의 생산량, Q^d는 시장수요량이다)

① 100

② 150

③ 200

④ 250

9. 서연의 효용함수는 $\sqrt{C}$(C: 소비)이다. 서연의 소비가 100일 확률이 0.5이고 900일 확률이 0.5일 때, 소비 변동에 따른 불확실성으로 인하여 서연이가 소비의 평균값을 항상 소비하지 못해 발생하는 후생비용을 소비로 나타내면 얼마인가?

① 100

② 200

③ 300

④ 400

10. 소비자 A는 1기와 2기에 걸쳐 소비를 한다. c_1을 1기의 소비, c_2를 2기의 소비라고 할 때, 소비자 A의 효용함수는 $U(c_1, c_2) = \min[c_1, c_2]$이다. 1기의 소득은 210만 원이고, 2기의 소득은 0원이며, 각 기의 소비재 가격은 1원으로 동일하다. A는 1기에 10%의 이자율로 저축을 하거나 대출을 받을 수 있다. 소비자 A의 행동 중 합리적인 것은?

① 100만 원을 저축한다.

② 110만 원을 저축한다.

③ 100만 원을 대출받는다.

④ 110만 원을 대출받는다.

11. X재와 Y재의 부존량이 모두 10개일 때, 갑의 효용함수는 $U(X, Y)$ $=X^2Y^2$이고, 을의 효용함수는 $U(X, Y) = X^{\frac{1}{2}}Y^{\frac{1}{2}}$이다. 갑이 재화 묶음 (X, Y)를 선택하면 나머지 재화는 모두 을이 소비한다고 가정하면, 소비의 파레토 효율성이 충족되는 것은?

① $(1, 2)$

② $(2, 4)$

③ $(3, 5)$

④ $(9, 9)$

12. 어느 마을에 주민들이 염소를 방목할 수 있는 공동의 목초지가 있다. 염소를 방목하여 기를 때 얻는 총수입은 $TR = 10(20X - X^2)$이고, 염소 한 마리에 소요되는 비용은 20이다. 만약 개별 주민들이 아무런 제한 없이 각자 염소를 목초지에 방목하면 마을 주민들은 총 X_1마리를, 마을 주민들이 마을 전체의 이윤을 극대화하고자 한다면 총 X_2마리를 방목할 것이다. X_1과 X_2는? (단, X는 염소의 마리 수이다)

① 12, 9

② 12, 16

③ 16, 12

④ 18, 9

13. A국 민간저축이 400억 달러이나 총저축은 330억 달러이다. 민간소비지출이 800억 달러, 조세수입이 50억 달러, 당해 연도 순해외자산이 50억 달러 감소하였다면 A국의 GDP는?

① 950억 달러

② 1,050억 달러

③ 1,150억 달러

④ 1,250억 달러

14. 솔로우(Solow)의 경제성장모형하에서 A국의 생산함수는 $Y = 10\sqrt{LK}$이다. 저축률은 30%, 인구증가율은 9%일 때, 2020년의 A국의 1인당 자본량이 100일 경우 2021년의 경제성장률은? (단, L은 노동, K는 자본을 나타낸다)

① 9%

② 10%

③ 19%

④ 21%

15. 통화량에서 현금통화가 차지하는 비율이 20%이고, 법정지급준비율이 18%, 초과지급준비율이 2%이다. 은행의 지급준비금이 200만 원이라면 본원통화와 통화량은? (단, 민간경제주체들은 현금을 제외한 나머지는 모두 요구불예금으로 보유한다)

	본원통화	통화량
①	250만 원	1,000만 원
②	250만 원	1,250만 원
③	450만 원	1,000만 원
④	450만 원	1,250만 원

16. 아래의 자료를 활용하여 어느 국가의 개방 거시경제 모형을 단순 케인지안의 측면에서 고찰할 때, 완전고용을 달성하고자 한다면 정부지출의 증가분으로 옳은 것은?

> • 독립적 소비지출: 50조 원
> • 독립적 투자지출: 100조 원
> • 독립적 정부지출: 200조 원
> • 조세수입(정액세): 200조 원
> • 독립적 수출: 140조 원
> • 독립적 수입: 40조 원
> • 한계소비성향: 0.8
> • 한계수입성향: 0.05
> • 완전고용 국민소득수준: 1,300조 원

① 15조 원

② 25조 원

③ 35조 원

④ 45조 원

17. 경제모형이 $Y = C + I$, $C = 30 + 0.7Y$, $I = 60 - 6r$, $M/P = L = 0.3Y + (150 - 10r)$, $M = 800$으로 나타날 때 총수요함수는? (단, Y는 실질국민소득, C는 실질소비, I는 실질투자, r는 이자율, L은 실질화폐수요, M은 명목화폐공급, P는 물가수준이다)

① $P = \dfrac{1}{1,000} Y$

② $P = \dfrac{1,000}{Y}$

③ $P = 1,000 - Y$

④ $P = 100r - Y$

18. 어떤 경제의 2009년, 2010년의 연간 물가상승률이 각각 2%, 4%였고, 같은 기간 동안 연초 명목이자율은 각각 5%, 6%였다고 하자. 또한 사람들의 예상물가상승률은 전년도의 물가상승률과 같다고 하자. (즉, 사람들은 전년도 물가상승률이 올해에 그대로 실현될 것이라고 예상한다) 만약 피셔 방정식(Fisher equation)이 성립한다면 2010년 초에 1년짜리 예금에 가입할 당시의 예상실질이자율은?

① 1%

② 2%

③ 3%

④ 4%

19. 생산함수 $Y = L^{\frac{1}{2}} K^{\frac{1}{2}} + 2,000 (K = 100)$, 노동수요함수 $L_d = 25 \left(\dfrac{W}{P} \right)^{-2}$에서 AS곡선은? (단, 명목임금은 1이다)

① $Y = 40P + 8,000$

② $Y = 40P - 8,000$

③ $Y = 50P + 2,000$

④ $Y = 50P - 2,000$

20. 어느 기업의 자본의 한계생산물(MP_K)이 $50 - 0.1K$라고 하자. 자본재 가격은 단위당 10,000원, 감가상각률은 5%로 일정하며, 생산물 가격은 단위당 200원으로 일정하다. 명목이자율이 15%이고 인플레이션율이 5%일 때, 자본의 사용자 비용은? (단, K는 자본량이다)

① 1,000

② 1,500

③ 2,000

④ 2,500

21. 모든 시장이 완전경쟁상태인 경제에서 총생산함수는 $Y = AL^{\frac{2}{3}}K^{\frac{1}{3}}$ 이다. 매년 L, K, A가 각각 3%씩 증가하는 경제에 관한 설명으로 옳은 것을 모두 고른 것은? (단, Y는 국내총생산, L은 노동량, K는 자본량, A는 총요소생산성이다)

> ㄱ. 총생산함수는 규모 수익 불변이다.
> ㄴ. 노동소득분배율은 $\frac{2}{3}$이다.
> ㄷ. 경제성장률은 6%이다.

① ㄱ
② ㄱ, ㄴ
③ ㄴ, ㄷ
④ ㄱ, ㄴ, ㄷ

22. 다음 국민소득결정모형에서 순수출의 증가분이 100일 경우 소비의 증가분은?

> $Y = C + I + G + NX$
> $C = 10 + 0.8(Y - T)$, $T = 5 + 0.25Y$
> $I = I_0$, $G = G_0$, $NX = NX_0$
> (단, Y: 국민소득, C: 소비, T: 조세, I: 투자, G: 정부지출, NX: 순수출이다)

① 100
② 150
③ 200
④ 250

23. 인천공항에 막 도착한 A씨는 미국에서 사먹던 빅맥 1개의 가격인 5달러를 원화로 환전한 5,500원을 들고 햄버거 가게로 갔다. 여기서 A씨는 미국과 똑같은 빅맥 1개를 구입하고도 1,100원이 남았다. 다음 설명 중 옳은 것만을 모두 고른 것은?

> ㄱ. 한국의 빅맥 가격을 달러로 환산하면 4달러이다.
> ㄴ. 구매력평가설에 의하면 원화의 대미 달러 환율은 1,100원이다.
> ㄷ. 빅맥 가격을 기준으로 한 대미 실질환율은 880원이다.
> ㄹ. 빅맥 가격을 기준으로 볼 때, 현재의 명목환율은 원화의 구매력을 과소평가하고 있다.

① ㄱ, ㄴ
② ㄱ, ㄷ
③ ㄱ, ㄹ
④ ㄴ, ㄹ

24. A국, B국은 X재와 Y재만을 생산하고, 생산가능곡선은 각각 $X = 2 - 0.2Y$, $X = 2 - 0.05Y$이다. A국과 B국이 X재와 Y재의 거래에서 서로 합의할 수 있는 X재 1개당 교역조건은?

① Y재 4개
② Y재 11개
③ Y재 21개
④ 거래가 불가능하다.

25. 소규모 폐쇄경제인 A국가의 X재에 대한 수요곡선과 공급곡선은 다음과 같고, 국제가격이 400이다. A국가가 경제를 개방할 때 사회적 잉여의 변화로 옳은 것은?

> $$Q_X^D = 500 - P_X,\ Q_X^S = -100 + P_X$$
> (단, Q_X^D: X의 수요량, Q_X^S: X재의 국내 공급량, P_X: X재의 가격이다)

① 10,000만큼 증가
② 10,000만큼 감소
③ 20,000만큼 증가
④ 20,000만큼 감소

모바일 자동 채점 + 성적 분석 서비스 바로 가기
QR코드를 이용해 모바일로 간편하게 채점하고 나의 실력이 어느 정도인지, 취약 부분이 어디인지 바로 파악해 보세요!